# 100 Jahre
# bwv München e.G.

## Impressum

Autorin/Autor: Katharina Roth und Lukas Wollscheid
Projektleitung: Matthias Georgi
Neumann & Kamp Historische Projekte, München
www.historische-projekte.de
© 2021 August Dreesbach Verlag, Gollierstraße 70, 80339 München
Alle Rechte vorbehalten.
Projektleitung: Christina Wehrl
Druck: Friedrich Pustet GmbH & Co. KG, Regensburg
Papier: Lessebo Design Smooth White
Gesetzt aus der Vista Sans OT.
Printed in Germany.
ISBN 978-3-96395-024-7

Die deutsche Nationalbibliothek verzeichnet diese Publikation
in der deutschen Nationalbibliografie; detaillierte bibliografische
Daten sind im Internet über www.dnb.de abrufbar.

# 100 Jahre
# bwv München e.G.

# Inhalt

Liebe Mitglieder des
Beamtenwohnungsvereins,
sehr geehrte Leserinnen und Leser,

es ist ein besonderes Jubiläum, das der Beamtenwohnungsverein München heuer feiert: Wir blicken zurück auf 100 Jahre Genossenschaft! Zu diesem Jubiläum möchte ich sehr herzlich gratulieren, denn der Verein leistet einen wichtigen Beitrag zur Wohnraumversorgung in München. Vielen Dank, dass Sie sich schon so lange Zeit für kostengünstigen Wohnraum stark machen.

Die Wohnungsfrage ist die soziale Frage unserer Zeit. Mir ist wichtig, dass alle Bürgerinnen und Bürger, ungeachtet von Lebensphase, Einkommen oder Beruf, überall in Bayern angemessen leben und wohnen können! In vielen bayerischen Großstädten, und ganz besonders in der Landeshauptstadt München, wird es immer schwieriger, kostengünstigen Wohnraum zu finden.

Der Beamtenwohnungsverein bietet seinen Mitgliedern dagegen attraktiven und zeitgemäßen Wohnraum zu fairen Preisen. Er leistet damit einen wichtigen Beitrag, damit so viele Menschen wie möglich in bezahlbaren Wohnungen leben können. Der Freistaat Bayern fördert daher mit hohen Summen den Bau neuer Miet- und Genossenschaftswohnungen.

Der Beamtenwohnungsverein München erfüllt das Ideal des genossenschaftlichen Wohnens. Wohnungen werden bei einem Mieterwechsel umfangreich saniert, bis sie wieder Neubaustandard haben. Danach werden sie aber trotzdem zu einheitlichen, niedrigen Unternehmensmieten angeboten.

Das belegt eindrucksvoll, dass die genossenschaftlichen Ideale Solidarität und Selbsthilfe beim Beamtenwohnungsverein München auch tatsächlich gelebte Werte sind! Die Genossenschaft bietet die ideale Wohnform für die Bevölkerungsgruppe, die zwar keinen Anspruch auf Sozialleistungen hat, sich aber auch nicht Mieten von 15 Euro oder mehr pro Quadratmeter leisten kann.

Ich danke allen Verantwortlichen des Beamtenwohnungsvereins München herzlich für ihren unermüdlichen Einsatz. Danke, dass Sie sich trotz dieser herausfordernden Zeit für die Wohnraumversorgung in München und Bayern stark machen. Insbesondere danke ich Ihnen für das vorbildliche Engagement im Rahmen unseres Experimentellen Wohnungsbaus beim Modellvorhaben „effizient bauen, leistbar wohnen – mehr bezahlbare Wohnungen für Bayern".

Dieses Jubiläum ist ein schönes Beispiel für den Einklang von Tradition und Zukunft. Ich möchte Ihnen meine besten Glückwünsche übermitteln und freue mich, wenn die Mieterinnen und Mieter noch lange von diesem genossenschaftlichen Modell profitieren können.

**Kerstin Schreyer**
Staatsministerin, MdL

Liebe Mitglieder des
Beamtenwohnungsvereins,
sehr geehrte Leserinnen und Leser,

die Schaffung von gesunden und zweckmäßig eingerichteten Wohnungen für seine Mitglieder in eigens erbauten oder erworbenen Häusern war schon im Gründungsjahr 1921 Zweck des Beamtenwohnungsvereins München. Inzwischen ist der Bestand der gemeinnützigen Genossenschaft auf 187 Häuser mit mehr als 1.700 Wohneinheiten angewachsen. Damit hat der Beamtenwohnungsverein in den vergangenen 100 Jahren nicht nur einen wertvollen Beitrag zur sozialgerechten Wohnungsversorgung und zur Lebensqualität in unserer Stadt geleistet. Er gibt auch selbst ein hervorragendes Beispiel, wie unverzichtbar die Leistungen von Wohnungsbaugenossenschaften sind und wie aktuell ihr Konzept bis heute geblieben ist.

Die Stadt München hat das Engagement des Beamtenwohnungsvereins schon deshalb immer gerne unterstützt, weil dadurch speziell auch für Mitarbeiterinnen und Mitarbeiter der Stadt attraktiver und dennoch erschwinglicher Wohnraum geschaffen wurde. Aber auch insgesamt ist dieses Engagement ganz im Sinne der Münchner Stadtpolitik. Schließlich werden die Einwohnerzahl und damit der Wohnungsbedarf in München allen Prognosen nach weiter steigen. Für die Stadt hat es daher höchste Priorität, bezahlbaren Wohnraum zu erhalten und neu zu schaffen. Dazu haben wir beispielsweise das finanziell größte kommunale Wohnungsbauprogramm in Deutschland aufgelegt und unseren eigenen Wohnungsbestand kontinuierlich erhöht. Und darüber hinaus setzen wir auf viele weitere Instrumente wie Erhaltungssatzungen oder die Bekämpfung von Zweckentfremdung.

Einen Schwerpunkt der städtischen Wohnungspolitik bildet vor allem auch die verstärkte Förderung des genossenschaftlichen Wohnungsbaus. Denn Wohnungsbaugenossenschaften leisten einen wichtigen Beitrag für mehr bezahlbaren Wohnraum und tragen zu einer nachhaltigen Siedlungsentwicklung bei. Gerade auf dem Münchner Wohnungsmarkt kommt ihnen auch in Zukunft eine ganz besondere Bedeutung zu. Dem Beamtenwohnungsverein München und allen seinen Mitgliedern gratuliere ich daher sehr herzlich zum 100-jährigen Genossenschaftsjubiläum, sage herzlichen Dank für das große Engagement und wünsche weiterhin alles Gute und viel Erfolg.

**Dieter Reiter**
Oberbürgermeister

Liebe Mitglieder des
Beamtenwohnungsvereins,
sehr geehrte Leserinnen und Leser,

„Gut und sicher wohnen" so lautet das
Motto des VdW Bayern und seiner Mit-
gliedsunternehmen. Diesen Leitspruch
beachtet der bwv München eG seit
100 Jahren sehr erfolgreich.

Ein angespannter Wohnungsmarkt ist in der bayerischen Landeshauptstadt München kein neues Phä-
nomen. Die Situation war zu Beginn
des 20. Jahrhunderts noch wesentlich
schlimmer als heute. Besonders in den
Jahren nach dem Ersten Weltkrieg wurden viele Wohnungsgenossenschaften
gegründet. Engagierte Persönlichkeiten übernahmen Verantwortung und
gründeten Genossenschaften, um für
bezahlbare und gute Wohnungen zu
sorgen. Diesen Schritt wagten im Jahr
1921 auch die Münchner Beamtenverbände auf Initiative des späteren Innenministers Karl Stützel.

Den Verantwortlichen und Mitgliedern ist es getreu den genossenschaftlichen Grundprinzipien Selbstverwaltung, Selbstverantwortung und
Selbsthilfe gelungen, in wirtschaftlich
schwierigen Zeiten große Leistungen
zu vollbringen. Die Zahlen sprechen für
sich. Die Genossenschaft ist mit ihren
rund 1.700 Wohnungen ein wichtiger
Baustein für Ihre Mitglieder. Das ist
auch den verantwortlichen Gremienmitglieder bewusst. Mit erheblichen
Investitionen in Neubauprojekte und
Modernisierungsmaßnahmen tragen
sie dazu bei, den Wohnungsbestand
für zukünftige Generationen von Genossenschaftsmitgliedern zu bewah-
ren.

Das Thema bezahlbares Wohnen
ist heute genauso aktuell wie im Jahr
1921. Der Wohnungsmarkt ist in vielen bayerischen Städten angespannt,
ein bezahlbares Zuhause zu finden ist
mancherorts sehr schwierig. Und das
Zuhause hat in Pandemiezeiten noch-
mals erheblich an Bedeutung gewon-
nen. Im Freistaat Bayern gibt es derzeit
eine Renaissance der Wohnungsgenossenschaften. Der anhaltende Grün-
dungsboom zeigt, dass wieder mehr
engagierte Menschen selbst das Ruder
in die Hand nehmen möchten.

Die 491 Wohnungsgenossenschaften und Wohnungsgesellschaften im
VdW Bayern – Verband bayerischer
Wohnungsunternehmen e.V. – gratulieren dem bwv München zum Jubiläum
und zu dem in den vergangenen 100
Jahren Erreichten.

Machen Sie weiter so! Sie werden
gebraucht – heute genauso wie vor 100
Jahren.

*Hans Maier*

**Hans Maier**
Verbandsdirektor des VdW Bayern
Verband bayerischer Wohnungs-
unternehmen e.V.

Liebe Mitglieder,
sehr geehrte Leserinnen und Leser,

der Beamtenwohnungsverein München - bwv - wurde vor 100 Jahren am 19. Februar 1921 gegründet. Vorstand und Aufsichtsrat haben dieses Jubiläum zum Anlass genommen, die Geschichte unserer Genossenschaft von fachkundigen Historikern recherchieren und zusammen tragen zu lassen. Die vorliegende Chronik ist das Ergebnis dieser akribischen Spurensuche. Grundlagen hierfür sind die Sichtung und Auswertung von umfangreichem Archivmaterial, historischen Quellen sowie von Interviews mit Zeitzeugen aus den Reihen der Mitglieder und der Organe des bwv. Es war uns ein Anliegen mit dieser Chronik einen Bogen zu spannen von den Wurzeln des bwv bis zur Gegenwart verbunden mit einem Ausblick auf die Zukunft.

Die Darstellung der Geschichte unserer Genossenschaft reicht von der Gründungsphase, den ersten großen Bauprojekten bereits in den Anfangsjahren, den Zerstörungen im Zweiten Weltkrieg, dem anschließenden Wiederaufbau und Ausbau bis in die frühen 1970er Jahre sowie umfangreichen Maßnahmen zum Erhalt und der qualitativen Verbesserung des Bestandes in den darauf folgenden Jahrzehnten bis hin zur Schaffung neuen Wohnraumes in den letzten Jahren etwa durch den Neubau in der Parkstadt Schwabing oder durch Dachgeschoßausbauten.

Die Geschichte des bwv ist untrennbar auch verbunden mit dem

langjährigen Wirken einer Reihe wichtiger Persönlichkeiten, die die Geschicke unserer Genossenschaft maßgeblich positiv geprägt haben. Besonders darf an dieser Stelle der Mitbegründer des bwv Karl Konrad Stützel genannt werden, dessen soziales Engagement und politischer Mut in einem spezifischen Exkurs dargestellt wird. In diesem Kontext sei darauf hingewiesen, dass den Entwicklungen im bwv während der Zeit des Nationalsozialismus ein eigenes Kapitel gewidmet ist.

Die Chronik gibt weiterhin Einblick in die Entwicklung unserer Wohnanlagen und in die Wohnverhältnisse der jeweiligen Zeitepochen, womit ein Teil der jüngeren Zeitgeschichte lebendig wird. Ähnliches gilt für gesellschaftliche, gesetzliche und organisatorische Entwicklungen, die im Lauf der Jahrzehnte immer wieder auch Veränderungen und Neuausrichtungen erforderlich gemacht haben.

Auch gegenwärtig und künftig kommen neue Herausforderungen auf den bwv zu, sowohl beim Erhalt, der Modernisierung und der potentiellen Erweiterung des Wohnungsbestandes, aber auch durch gesellschaftliche Entwicklungen, etwa beim Klimaschutz. Auf diese Themen wird im Schlusskapitel der Chronik eingegangen.

Vorstand und Aufsichtsrat bedanken sich bei allen ehrenamtlich und nebenamtlich tätigen Personen wie auch den hauptamtlichen Mitarbeiterinnen und Mitarbeitern, die durch ihren Einsatz dazu beigetragen haben, dass der bwv in den letzten 100 Jahren eine sehr positive Entwicklung genommen hat. Dadurch konnten wir einen wichtigen Beitrag zur sozialen Wohnungsversorgung unserer Stadt leisten, getreu unserem Motto: bezahlbarem wohnen verpflichtet – bwv.

**Josef Bauer**
Vorsitzender des Aufsichtsrates

**Christian Berg**
Vorstand

**Klaus Hofmeister**
Vorstand

**Axel Wirner**
Vorstand

Die Häuser Ecke Lothstraße 32
und Kreittmayrstraße 33 und 35
Anfang der 1920er-Jahre.

**1**

Gegen die Wohnungsnot
*Vorgeschichte und*
*Gründung 1921*

Die Wohnungsnot und ihre
Bekämpfung durch den
Genossenschaftsgedanken

„Die Verbesserung der Wohnungsverhältnisse im allgemeinen [...] ist eine der wichtigsten sozialen Aufgaben der Gegenwart."[1] Diese Aussage könnte aus der aktuellen Münchner Stadtpolitik stammen. Tatsächlich beschrieb jedoch der königlich bayerische Innenminister Friedrich von Brettreich bereits im Jahr 1909 die Wohnungssituation in München mit diesen Worten. Das Bevölkerungswachstum und die sich daraus ergebende Wohnungsnot sind also keine neuen Themen. Sie beschäftigen die bayerische Landeshauptstadt bereits seit dem ausgehenden 18. Jahrhundert. Auch im Verlauf des 19. und 20. Jahrhunderts stellten beide Aspekte große Herausforderungen in der Entwicklung der Residenzstadt dar.[2]

## Städtewachstum und Wohnungsnot

In ganz Europa wuchs ab dem Ende des 18. Jahrhunderts die Bevölkerung stark an. Die zunehmende Industrialisierung veränderte die Wirtschafts- und Sozialstruktur der vormals hauptsächlich agrarisch geprägten Staaten deutlich. Technische Erfindungen, neue Produktionsabläufe und Transportwege wie die Eisenbahn führten zur Entstehung von Industriezentren, meist im Umfeld bereits existierender Städte. Die verarmte Landbevölkerung hoffte auf Arbeit in der Stadt. In der Folge drängten immer mehr Menschen in diese Industriegebiete. Bald herrschte Mangel an bezahlbarem Wohnraum, da im Zuge des privatwirtschaftlichen Wohnungsbaus in erster Linie Großraumwohnungen für die Mittel- und Oberschicht entstanden. Der Bau von Kleinwohnungen erschien den meisten Bauunternehmern unrentabel. Der finanzielle Aufwand für den Bau vieler kleiner Wohneinheiten pro Etage war aufwendiger und gleichzeitig war die Gefahr von Mietausfällen höher als bei großen Wohnungen für die Wohlhabenden. Wenn dennoch Neubauten für die Ärmeren entstanden, galt hier das Renditeprinzip: Möglichst viele Menschen mussten auf möglichst engem Raum leben.

Arbeiterinnen und Arbeiter, kleine Angestellte und Menschen in einfachen Dienstleistungsberufen lebten zur Untermiete oder im äußersten Fall als Schlafgängerin und Schlafgänger – teilten sich also das Bett im Schichtbetrieb mit anderen. Andere mussten sich mit mehr oder minder bewohnbaren Behelfsbauten, Schuppen oder provisorisch überdachten Winkeln in Innenhöfen begnügen. Die Lebensumstände in diesen Elendsquartieren waren geprägt von winzigen, überbelegten Zimmern und mangelhaften oder nicht vorhandenen Sanitäranlagen. Die untragbaren hygienischen Zustände begünstigten Krankheiten wie Tuberkulose oder Ruhr.

Bald war auch die Mittelschicht von der Wohnungsnot betroffen – der Handwerkerstand, Angestellte in Verwaltungsberufen und Beamte[3] der mittleren Laufbahn. Der soziale Frieden in der Stadt geriet in Gefahr, zumal die städtischen Behörden kaum reagierten und sich für den sozialen Wohnungsbau (noch) nicht verantwortlich fühlten. Die politische und wirtschaftliche Oberschicht wiederum

war von der sich selbst regulierenden Entwicklung des Wohnungsmarkts überzeugt.[4]

## Die Genossenschaft – Selbsthilfe, Selbstverwaltung, Selbstverantwortung

Mitte des 19. Jahrhunderts kamen unter den Betroffenen erstmals Initiativen zur Selbsthilfe in Form von Genossenschaften auf. Die Grundidee der Genossenschaft stammte aus Großbritannien.[5] In den zunächst entstehenden Konsum- und Produktionsgenossenschaften verteilten sich die finanziellen Belastungen und die Risiken auf mehrere Personen, die dieselben Interessen vertraten. Die Genossenschaften funktionierten auf Basis von Selbsthilfe, Selbstverwaltung und Selbstverantwortung.

Der Gedanke hielt bald auch in Deutschland Einzug und fand zeitnah Anwendung auf den Wohnungsbau. Am 15. November 1847 wurde mit der „Berliner gemeinnützigen Baugesellschaft" die erste dieser Art auf deutschem Boden gegründet.[6] Im Gegensatz zu privaten Bauherren waren und sind Baugenossenschaften bis heute nicht auf Gewinn ausgerichtet, sondern betreiben Wohnungsbau aus sozialer Verantwortung. In München entstand 1871 mit der Genossenschaft „Arbeiterheim" die erste Bau- und Spargenossenschaft, die bis heute als Baugenossenschaft München von 1871 e.G. aktiv ist.

Mittlerweile war die Wohnungsnot auch in den Fokus der kommunalen Politik gerückt. Zudem wurde die Idee des sozialen Wohnungsbaus nun von bürgerlichen Kreisen unterstützt.[7] Dabei spielte die Vorstellung, die Arbeiterschicht nach bürgerlichen Gesellschaftsvorstellungen zu formen, eine große Rolle. Denn die Wohnung galt als „die wesentliche Grundlage für die gesundheitliche und sittliche Entwicklung der Familie und der Kinder und [war] damit auch sehr wichtig für die soziale Entwicklung der Gesamtheit"[8]. Durch eine Verbesserung der Wohnsituation sollten darüber hinaus Entwicklungen innerhalb der Arbeiterschaft Richtung Sozialismus unterbunden werden.

Hinterhof am Münchner Oberanger um 1900.

Die Frauentürme sind zu Kleinwohnungen ausgebaut.

Kommunale und staatliche Stellen erkannten den Wert der Genossenschaften für den Zusammenhalt und die Stabilität in der Gesellschaft. Neue gesetzliche Rahmenbedingungen, insbesondere das preußische Genossenschaftsgesetz (als Vorbild für das ab 1871 im ganzen Deutschen Reich gültige Genossenschaftsgesetz), schufen Rechtssicherheit für die Gründung von Genossenschaften. Das Gesetz ermöglichte ab 1889 auch die Beschränkung der Haftpflicht für Mitglieder, die anfänglich im Konkursfall noch mit ihrem gesamten Privatvermögen haften mussten.[9] Außerdem entstanden erstmals staatliche Förderungs- und Finanzierungskonzepte. In der Folge stieg die Zahl der Neugründungen im gesamten Deutschen Reich stark an. Gab es 1888 gerade einmal 28 eingetragene Genossenschaften, waren es um 1908 bereits 848[10] und 1914, kurz vor Ausbruch des Ersten Weltkrieges, schon 1.402.[11]

## Die Wohnungsnot in München – erste Ansätze zur Lösung

München war im 19. Jahrhundert von rund 40.000 Einwohnerinnen und Einwohner im Jahr 1800 auf 500.000 im Jahr 1900 angewachsen und 10 Jahre später lebten bereits knapp 600.000 Menschen in der Stadt.[12] Zeitgleich wurden zwischen 1900 und 1909 jedoch lediglich 6.000 Wohnungen gebaut. Das war nicht annähernd ausreichend für den tatsächlichen Bedarf, obwohl dieser auf nur drei Quadratmeter pro Erwachsenem und anderthalb Quadratmeter pro Kind festgelegt worden war.[13]

Mit der 1903 erstmals erschienenen *Zeitschrift für Wohnungswesen in Bayern* traten die bayerischen Baugenossenschaften an den Staat und die Öffentlichkeit heran und forderten eine Neuorientierung hin zum sozialen Wohnungsbau.[14] 1909 wurde der Verband der bayerischen Baugenossenschaften, -gesellschaften und -vereine als gemeinsame Dachorganisation gegründet. Immer mehr kommunale und staatliche Beamte entwickelten sich zu Unterstützern eines von der Öffentlichkeit geförderten sozialen Wohnungsbaus. Davon profitierten Genossenschaften wie der BWV, die zum Teil beeindruckende Netzwerke in Regierungs- und Verwaltungskreisen aufbauen konnten.

In den folgenden Jahren wuchs der soziale Wohnungsbau stark an – ein regelrechter Bauboom setzte ein. Einige Genossenschaften bauten mehr Wohnungen als sie Mitglieder hatten, so zum Beispiel die Münchner Baugenossenschaft Familienheim, die für ihre 68 Mitglieder 300 Wohnungen bereithielt.[15] Diese Wohnungen standen dann oft längere Zeit leer und die Finanzierung der Genossenschaften geriet in Schieflage. Teilweise ging das Bauen aber auch am Bedarf vorbei, beispielsweise wenn in einem Arbeiterviertel Großraumwohnungen entstanden, die sich die dortigen Wohnungssuchenden gar nicht leisten konnten. Dennoch war am Vorabend des Ersten Weltkriegs ein Ende der Krise auf dem Wohnungsmarkt in Sicht. Mit Beginn des Krieges wurden sogar weitere Wohnungen frei. Viele Männer, die nun einrückten, konnten sich die Wohnungen und Zimmer nicht mehr leisten und mussten kündigen.[16] Frauen und Kinder zogen dann zu den Eltern zurück. Diese Episode dauerte jedoch nicht lange an.

## Krieg und Krise

Das bayerische Innenministerium stellte bereits 1916 fest, dass nach Ende des Krieges für München ein Fehlbestand von mindestens 5.000 bis 6.000 Wohnungen drohen werde.[17] Zudem gerieten während des Krieges viele der noch jungen Baugenossenschaften durch Mietausfälle und die Voranstellung der kriegswichtigen Produktion in finanzielle Bedrängnis.[18] Somit waren kaum noch Investitionen

Demonstration in München, 16. Februar 1919, Kurt Eisner mit Hut im Wagen sitzend

in Neubauten möglich. Bei Kriegsende war die Situation dramatisch. Für die Masse an Kriegsheimkehrern und -geschädigten, für die Witwen und Waisen der Gefallenen und für die jungen Ehepaare, die nach der Rückkehr der Soldaten eine Familie gegründet hatten, bestand die dringende Notwendigkeit, bezahlbaren Wohnraum zu finden. Vor allem Kleinwohnungen fehlten, sodass in der Stadt 12.000 Einquartierungen der Wohnungssuchenden behördlich durchgesetzt werden mussten.[19]

### Die Wohnbaugenossenschaft für Beamte

Zunehmend waren auch Beamte von der Wohnungsnot betroffen. Neue staatliche und kommunale Aufgabenbereiche, wie zum Beispiel die Kriegsfürsorge, erforderten die Ausbildung und Einstellung neuer sowie die Versetzung erfahrener Beamter. Während eine Versetzung oft zu einer langwierigen Trennung von der Familie führte, mussten viele der neu eingestell-

ten jungen Beamten des unteren und mittleren Dienstes oft zur Untermiete mit einem möblierten Zimmer Vorlieb nehmen – beide Situationen waren auf Dauer belastend.[20]

Die Idee einer Wohnungsbaugenossenschaft, die sich spezifisch auf die Bedürfnisse dieser Beamten konzentrieren sollte, gewann schnell auf allen Verwaltungsebenen an Unterstützung. Da jedoch die finanziellen Mittel für derartige Projekte nach dem Ersten Weltkrieg und der anschließenden Wirtschaftskrise nicht ohne Weiteres zu beschaffen waren, traten die Betroffenen an staatliche und kommunale Stellen heran. Für die Münchner Beamten wurde schon bald das Bayerische Staatsministerium für Soziale Fürsorge mit seinem Referat für Wohnungswesen zur zentralen Anlaufstelle. Mit Regierungsrat Karl Stützel wurde dieses Ressort von einem Mann geführt, der für die Gründung und die Anfangsjahre des Beamtenwohnungsvereins München wichtig werden sollte.

### Eine christlich-soziale Grundhaltung

Karl Konrad Stützel wurde 1872 in der bayerischen Pfalz, in Speyer, in eine alt-eingesessene, katholische Handwerkerfamilie geboren. Er bewies bereits in früher Jugend ausgeprägten Ehrgeiz und Zielstrebigkeit. Nach einem Abitur mit Bestnoten begann er 1891 ein Jurastudium, das ihn an die Universitäten von München, Berlin, Erlangen und Heidelberg führte. 1895 schloss Stützel sein Studium mit dem ersten Staatsexamen ab. Dabei engagierte er sich besonders bei der Katholischen Deutschen Studentenverbindung (KDStV). Stützel bekannte sich damit offen zu dem katholisch-konservativen Milieu, aus dem er stammte und das ihn zeit seines Lebens sowohl gegenüber völkisch-nationalen wie auch marxistischen oder sozialistischen Ideen eine distanzierte bis konträre Haltung einnehmen ließ.[21] Darüber hinaus prägte ihn seine katholische Herkunft auch im Hinblick auf sein späteres Wirken als Beamter und Staatsmann. Hier vertrat er die Überzeugung, „dass eine Preisgabe der Sozialpolitik gleichbedeutend […] mit der Preisgabe des christlichen Staatsgedankens [sei]".[22] Stützel positionierte sich stets als Verfechter einer christlichen Sozialpolitik.

Ausgesprochenen Ehrgeiz entwickelte Stützel bei der Planung seiner zukünftigen Beamtenlaufbahn. Zwischen 1895 und 1899 absolvierte er seinen Wehrdienst und anschließend parallel zu seiner Verwaltungstätigkeit eine Ausbildung zum Reserveoffizier. 1899 legte er als einer der besten seines Jahrgangs die zweite Staatsprüfung ab. Damit war er für den höheren Jus-tiz- und Verwaltungsdienst befähigt. 1901 trat Stützel das Amt des Bezirksamtsassessors im oberfränkischen Ebermannstadt an, wodurch er auf Lebenszeit verbeamtet wurde.[23] Bis zum Ausbruch des Ersten Weltkriegs sammelte er Erfahrungen und Verdienste in verschiedenen Ämtern. Dabei blieb ihm auch die Sozialpolitik ein wichtiges Anliegen. So schloss Stützel 1911 eine Zusatzausbildung in den Bereichen Armenpflege, soziale Fürsorge und Wohltätigkeit erfolgreich ab.[24]

### Der „unpolitische" Beamte

Karl Stützel verstand sich – trotz seiner christlich-sozialen Haltung – als dezidiert „unpolitischer" Verwaltungsbeamter. Schon während seiner Zeit als Bezirksamtsassessor im pfälzischen Neustadt an der Haardt stellte er bei der Bewerbung um eines der Bürgermeisterämter in seiner Geburtsstadt Speyer heraus, dass er sich „aus Rücksicht auf [seine] Stellung als Verwaltungsbeamter […] niemals politisch betätigt und auch keinem politischen Verein angehört [habe]" und er es auch weiterhin „als selbstverständliche Pflicht erachte [...] [,] sich jeglicher politischer Betätigung zu enthalten".[25] Dass seine Leistungen seinen Vorgesetzten auffielen und so bis in höhere Dienststellen bekannt wurden, belegt der Bericht anlässlich einer Inspektion im Bezirk Neustadt. So gab der Amtsvorstand zu Protokoll, dass Stützel „der beste Assessor [sei], den er je gehabt [habe]. [...] Stützel zeig[e] sich entschieden befähigt, den schon höher gehenden Anforderungen [...] vollkommen gerecht zu werden, und zwar nach der fachwissenschaftlichen wie nach der praktischen, rein geschäftlichen Seite. [...] Auch als Redner in der Öffentlichkeit versteh[e] es Stützel [...] aufzutreten."[26]

Nach Beginn des Ersten Weltkriegs wechselte der Reserveoffizier Stützel in den aktiven Dienst. Im November 1914 kam er als Kompanieführer im Rang eines Hauptmanns an die Westfront. Bis zum September 1916 blieb er, ausgezeichnet mit dem Eisernen Kreuz II. Klasse, im aktiven Dienst. Dann gelang es dem Innenministerium, ihn wieder in den Zivildienst zu überführen – Brigade- und Divisionskommando protestierten, sie wollten auf Stützel nicht verzichten.[27] Schließlich versetzte ihn der Staatsminister von Brettreich zum Mai 1918 als Regierungsrat ins Innenministerium, wo er das Referat für Wohnungswesen leiten sollte.[28] Wie wichtig er auf diesem Posten war, wird aus den Reaktionen des Ministeriums darauf deutlich, dass Stützel als erfahrener Offizier im Rahmen der Offensiven im August 1918 noch einmal für den Kriegseinsatz vorgesehen war. Unter Verweis auf die „gegenwärtig herrschende Wohnungsnot" erklärte das Innenministerium ihn sofort für „unentbehrlich" – Stützel wurde dementsprechend nicht mehr reaktiviert.[29]

## Der unentbehrliche Experte

Am 7. November 1918, vier Tage vor dem endgültigen Waffenstillstand und dem Ende der Kämpfe, stürzte der Sozialdemokrat Kurt Eisner mit einer kleinen Gruppe sozialdemokratischer und linker Politiker den bayerischen König Ludwig III. vom Thron. Daraufhin führte Eisner als Ministerpräsident eine provisorische Regierung an. Die bisher bestehenden Ministerien bekamen neue Strukturen und es entstand bereits Mitte November das Ministerium für Soziale Fürsorge, Stützels neue Wirkungsstätte. Im zweiten Gesetz- und Verordnungsblatt des Volksstaates Bayern wurde „die oberste Leitung der sozialen Angelegenheiten und die oberste Aufsicht auf die der sozialen Fürsorge dienenden Einrichtungen" als Kompetenz der neuen Behörde proklamiert.[30] Neben der „Behandlung der rechtlichen und wirtschaftlichen Angelegenheiten der Arbeiter und Angestellten", der „Leitung der Gewerbeaufsicht", der „Überwachung des Arbeitsmarktes" und der „Durchführung der Sozialversicherungen" galt als weitere zentrale Aufgabe „die Regelung des Wohnungswesens". Um dies aber möglichst rasch und wirksam durchführen zu können, wurde es als absolut notwendig angesehen, „dem Ministerium für Soziale Fürsorge [...] die erforderliche Anzahl von Beamten" zuzuteilen.

Das bedeutete, dass der neue Freie Volksstaat Bayern im Wesentlichen auf die Staatsverwaltung des Königreichs zurückgreifen musste. So wurde das Referat für Wohnungswesen unter Stützel dem Innenministerium aus- und dem neuen Ministerium für Soziale Fürsorge eingegliedert, in Arbeitsweise und Personal blieb es allerdings unverändert. Stützel selbst, der sich, obwohl er Ende des Jahres 1918 in die Bayerische Volkspartei (BVP) eintrat, weiterhin als (im Sinne einer Parteipolitik) „unpolitischer" Beamter verstand, arbeitete unter der neuen Regierung mit gleicher Kompetenz und Pflichterfüllung wie bisher. Trotz seiner persönlichen Prägung arbeitete Stützel auf fachlicher Ebene problemlos mit seinem neuen Vorgesetzten Hans Unterleitner, Mitglied der USPD und Radikalsozialist, zusammen. Dabei war ihm die Bekämpfung der Wohnungsnot nicht nur ein berufliches, sondern auch ein persönliches Anliegen.

## Im Kampf gegen die Wohnungsnot

Unmittelbar nachdem die Behörde ihre Tätigkeit aufgenommen hatte, trat am 28. November 1918 ein von Stützel erarbeiteter Entwurf als „Verordnung betreffend der Maßnahmen gegen Wohnungsmangel und Obdachlosigkeit" in Kraft. Die Verordnung sollte vor allem Arbeiterinnen und Arbeitern sowie Kriegsheimkehrern zugutekommen, wohingegen Arbeitgeber und Gemeinden stärker zur Kasse gebeten wurden. Auch ordnungspolitische Maßnahmen wie die zwangsweise Unterbringung von Wohnungslosen in ungenutzten Wohnungen, in saisonal freien Fremdenzimmern oder in Fabrik-, Lager-, Geschäfts- und Werkstatträumen wurden angeordnet. Neben diesen kurzfristigen Lösungsversuchen gab es auch längerfristige Wohnbauprojekte. Als solches kann beispielsweise das im Mai 1919 gegründete Siedlungswerk Nürnberg gelten, dessen Verwaltungsratsvorsitz Stützel übernahm und das durch die Urbarmachung und Bebauung der nahe der Stadt gelegenen Reichswälder Arbeits- und Wohnungslosen Beschäftigung und Ob-

dach bot. Bis Juli 1924 entstanden hier 558 Häuser für 2.860 Menschen.[31] Auch die Bereitschaft, andere vergleichbare Projekte zu fördern, war unter Stützels Federführung groß, obwohl eine rapide steigende Inflationsrate die Investitionen erschwerte.

## Stützel und der BWV

Die politischen Wirren der Jahre 1918/19 begannen mit der Absetzung des bayerischen Königs im November 1918. Die Ermordung Kurt Eisners im Februar 1919 führte daraufhin zur kurzlebigen, bald niedergeschlagenen Räterepublik Bayern, was schließlich in das zweite Kabinett von Ministerpräsident Johannes Hoffmann mündete. All das überstand Stützel ohne größere Schwierigkeiten. Er verblieb weiterhin im Ministerium für Soziale Fürsorge und wurde bis 1920 vom Regierungsrat zum Oberregierungsrat und schließlich zum Ministerialrat befördert. Auch weiterhin blieb die Beseitigung der Wohnungsnot eines seiner zentralen Anliegen. Er trug in München selbst im entscheidenden Maße zur Gründung des Beamtenwohnungsvereins (BWV) bei. Die Anregung für die Gründung ging vom Staatsministerium für Soziale Fürsorge aus. Unter der Führung Stützels traten am 19. Februar 1921 Vertreter der Beamtenorganisationen zusammen und gründeten den Beamtenwohnungsverein München als Genossenschaft. Aus den Sitzungsprotokollen geht hervor, dass Stützel vor allem als Vermittler zwischen dem Beamtenwohnungsverein und dem Ministerium für Soziale Fürsorge in Erscheinung trat, bzw. Bitten und Forderungen der Genossenschaft an das Ministerium herantrug. Von der Gründung bis ins Jahr 1924 fungierte er darüber hinaus als Vorsitzender des Aufsichtsrates. Die 10-Jahres-Chronik des BWV spricht von ihm als „eigentlichem Vater des Vereins", dem es zu verdanken gewesen sei, dass der BWV trotz der schwierigen Phase der Inflation zum Zeitpunkt seiner Gründung eine „gesunde und widerstandsfähige Natur" entwickelt habe.[32]

Besonderes Engagement bewies Stützel auch im Rahmen seiner Tätigkeit als Staatskommissar im Zuge der Explosion des Oppauer Stickstoffwerks der BASF im September 1921. Die Explosion gehörte zu den schlimmsten Chemieunfällen des 20. Jahrhunderts. Selbst im noch 25 Kilometer entfernten Heidelberg richtete sie Schäden an. Oppau befindet sich in der Pfalz, die damals noch zu Bayern gehörte. Somit fiel die Explosion in den Zuständigkeitsbereich der Münchner Ministerien. Stützel leistete nicht nur rasche und wirksame Soforthilfe, sondern förderte eine mittel- und langfristige Organisationsstruktur in Form des Hilfswerks Oppau, dessen allein verantwortlicher Leiter er war. Diese Tätigkeit hatte er parallel zu seiner Stellung im Wohnbaureferat inne.

## Innenminister des Freistaats Bayern

1924 wurde Stützel zum bayerischen Innenminister unter der Regierung Heinrich Held berufen. Die Position behielt er bis 1933. Es zeichnete sich bereits früh ab, dass er trotz seines bemerkenswerten Arbeitspotenzials die Aufgaben als Vorsitzender des Aufsichtsrates des BWV nicht mehr weiter wahrnehmen konnte. Daher bat er im September 1924 um eine Entbindung vom Amt des Aufsichtsratsvorsitzenden. Mit dem Ausdruck des Bedauerns und unter Danksagungen für die bisherige „großartige umsichtige Leitung des Vereins" verabschiedete sich der Aufsichtsrat des BWV von Stützel und schlug vor, ihn zum Ehrenmitglied zu erheben.[33] Der neu ernannte Innenminister nahm weiterhin Anteil an den Belangen der Genossenschaft und stand mit Rat und Förderung zur Verfügung.

Stützels Amtsverständnis war geprägt von der Idee, dass „der Verwaltungsbeamte mithelfen [müsse], das Volk zum Staatsgedanken zu erziehen. Das wird er am besten tun, wenn er das Gefühl wecken und pflegen hilft, dass der Staat nichts anderes als das geeinigte Volk selbst ist und dass je-

der, der dem Volke dienen will, auch dem Staate dienen und den Staat und die Staatsgewalt respektieren muss."[34] Insbesondere das Einvernehmen und gegenseitige Vertrauen zwischen der staatlichen Beamtenschaft und der Polizei war ihm wichtig. Die Polizeigewalt war dabei für ihn nicht als Selbstzweck gedacht. Als erster und wichtigster Repräsentant des Staates sollte der Polizist genauestens die Vorschriften einhalten und vor jedem Eingriff eine kluge und umsichtige Einschätzung des jeweiligen Falles treffen. In diesem Geiste reformierte Stützel in seiner Amtszeit das bayerische Polizeiwesen.

## Im Kampf gegen den Extremismus

Besonders hervorzuheben in Stützels Zeit als Innenminister ist auch sein Engagement gegen politisch extremistische Strömungen, besonders gegen KPD und NSDAP. 1925 verhängte Stützel ein Redeverbot gegen Adolf Hitler und bemühte sich um dessen Ausweisung. Auch stoppte er 1929 den Versuch der Einbürgerung Hitlers in Bayern. 1930/31 erließ Stützel ein Uniformverbot, welches sich vor allem an extremistische Verbände richtete. Mit dem Uniformverbot sowie dem Verbot der SA und der SS schöpfte Stützel alle polizeilichen und rechtlichen Möglichkeiten aus, konnte aber den Aufstieg der NSDAP nicht verhindern. Außerdem dachten nicht alle Mitglieder des Regierungskabinetts so wie er. Während Stützel sich bei seinem Amtsantritt selbst zu einem Kämpfer gegen die nationalsozialistische Ideologie erklärte, sympathisierte der bayerische Justizminister Franz Gürtner (von 1932 bis 1941 Reichsjustizminister) mit den Zielen der Nationalsozialisten.

## Demütigung und Tod

Als die Nationalsozialisten 1933 an die Macht kamen, dauerte es nur wenige Wochen, bis die neue Reichsregierung die bayerische Staatsregierung abgesetzt hatte. Nach dem Wahlsieg der NSDAP in Berlin wuchs auch in Bayern der Druck auf die Staatsregierung, mit den neuen Machthabern zusammenzuarbeiten. Am Mittag des 9. März 1933 wollte die NSDAP die bayerische Regierung zum Rücktritt bewegen, das bayerische Kabinett lehnte aber ab. Stützel versuchte, die „Gleichschaltung" Bayerns mit einem Polizeiaufgebot zu verhindern. Am Abend des gleichen Tages wurde schließlich Franz Ritter von Epp auf Basis der Notstandsgesetze zum Reichskommissar für Bayern ernannt. Die Regierung war damit entmachtet. Auch Stützel bekam das zu spüren. Eine Gruppe von SA- und SS-Leuten brachte ihn noch in derselben Nacht ins „Braune Haus". Dort demütigten und misshandelten sie Stützel schwer. Bald nach seiner Freilassung floh er zunächst nach Österreich und dann nach Italien. Später kehrte er moralisch gebrochen nach München zurück, wo er schließlich nach zermürbenden gerichtlichen Auseinandersetzungen mit den neuen Machthabern eine Pension als ehemaliger Staatsbeamter bezog. Er starb 1944 an den Folgen einer Darmoperation, seiner Beerdigung durften nur die engsten Familienangehörigen beiwohnen. Heute erinnert ein zentraler Platz am Alten Botanischen Garten an Stützel, dessen Leben und politisches Handeln von zwei Prämissen geprägt war: der Durchsetzung der staatlichen Autorität und dem christlichen Sozialgedanken.

Zu Beginn des Jahres 1921 war Karl Stützel der führende Mann im Ministerium für Soziale Fürsorge und ausgewiesener Experte in den Belangen des sozialen Wohnungsbaus. Stolz verkündete das Ministerium, dass bereits zwei Jahre nach der wesentlich von Stützel geprägten „Verordnung betreffend Maßnahmen gegen Wohnungsmangel und Obdachlosigkeit" 16.000 neue Wohnungen geschaffen werden konnten bzw. sich im Bau befanden.[35] Der Minister für Soziale Fürsorge Heinrich Oswald führte aus, dass der Boom an Neugründungen gemeinnütziger Baugenossenschaften für diese Entwicklung von großer Bedeutung sei, während die private Bautätigkeit beinahe ganz zum Erliegen gekommen sei.[36] Andere Experten sahen das kritischer: Viele der geradezu inflationär entstehenden Neugründungen galten wirtschaftlich und organisatorisch als kaum überlebensfähig. Dennoch blieb das Ziel, den „gemeinnützige[n] Wohnungsbau […] auf jede nur mögliche Weise" zu fördern, wobei man vor allem der Beschaffung von Geldmitteln und Baustoffen hohe Priorität einräumte.[37]

Eine Sonderrolle nahm die Wohnungsfürsorge für Beamte ein, hier engagierte sich die öffentliche Hand noch stärker. Bereits am 2. Juli 1920 bewilligte der Bayerische Landtag 12 Millionen Mark[38] an Zuschüssen für die Beamtenwohnungsfürsorge, wovon allein 3 Millionen M als verzinsliche Baukostendarlehen für gemeinnützige Beamten- und Arbeiterbauvereine dienen sollten.[39] Der Neubau von Wohnungen war nach wie vor dringend notwendig: Allein in München wurden zum 31. Dezember 1920 insgesamt 17.255 Wohnungsgesuche als dringlich oder sogar vordringlich klassifiziert, darunter 4.362 Wohnungsgesuche von Reichs-, Staats-, Kommunal- oder sonstigen öffentlichen Beamten.[40]

## Die Konstitution des Beamtenwohnungsvereins

Am 19. Februar 1921 trafen sich Vertreter der Münchner Beamtenverbände im Sitzungsaal des Ministeriums für Soziale Fürsorge in der Brienner Straße 20. Die Gründungsversammlung des Beamtenwohnungsvereins München verstand sich – ganz in genossenschaftlicher Tradition – in erster Linie als Selbsthilfeorganisation.[41] In Anbetracht der auf Solidarität innerhalb der Beamtenschaft ausgelegten Zwecke wählte die Versammlung dann auch die Rechtsform der Genossenschaft. Ziel sollte es sein, „den Mitgliedern gesunde und zweckmäßig eingerichtete Wohnungen in eigens erbauten oder erworbenen Häusern zu verschaffen."[42] Dabei sollten die Wohnungen sowohl an einzelne Mitglieder vermietet als auch diesen als Eigentum überlassen werden können. Unter der Voraussetzung, dass die Mieterinnen und Mieter die in der Satzung und im Mietvertrag festgelegten Bedingungen erfüllten, sollten die Wohnungen vonseiten der Genossenschaft unkündbar sein. Mitglied konnten alle Beamten auf Reichs-, Landes- und Gemeindeebene werden, die ihren Dienst- oder Wohnsitz in München hatten. Dies galt auch für Beamte im Ruhestand. Dabei sollten besonders Beamtenfamilien mit vielen Kindern und Kriegsheimkehrer bzw. -geschädigte bevorzugt werden.[43] Um Zuschüsse und Spenden möglich zu machen, ließ die Satzung auch gemeinnützige Gesellschaften, Vereine, Stiftungen und Körperschaften des öffentlichen Rechts als Mitglieder zu.

## Die Leistungen der Mitglieder

Mitglieder mussten ein Beitrittsgeld von 20 M entrichten und mindestens einen Geschäftsanteil zu 500 M zeichnen.[44] Aufgrund der Höhe des Anteils war auch die Möglichkeit vorgesehen, diesen in Raten zu mindestens 20 M pro Monat einzuzahlen.[45] Als Obergrenze wurden 50 Anteile je Mitglied festgelegt. Diese Geschäftsanteile bildeten das Eigenkapital der Genossenschaft.

Im Sinne der auf Gemeinnützigkeit ausgelegten Ausrichtung und um präventiv dauerhaft für einen festen und erschwinglichen Mietsatz sorgen zu können, lag die Dividende entsprechend der gesetzlichen Vorgaben bei maximal vier Prozent. Gleichzeitig haftete jede Genossin und jeder Genosse mit einem Anteil von bis zu 500 M für ausstehende Verbindlichkeiten des BWV, nicht jedoch über diese Summe hinaus.[46] Die Genossenschaft warb intensiv unter den in Betracht kommenden Beamten in München für das Projekt, um möglichst schnell genügend Kapital für die ersten Bauvorhaben zu beschaffen. Die Neubauten waren nicht als geschlossene „Beamtenstadt" an einer zentralen Stelle gedacht, sondern die einzelnen Wohnhäuser und Wohnhausgruppen sollten sich vielmehr so in der Stadt verteilen, dass sie den unterschiedlichen Bedürfnissen der Mitglieder, speziell der Nähe zu den jeweiligen Arbeitsplätzen, genügen würden.[47]

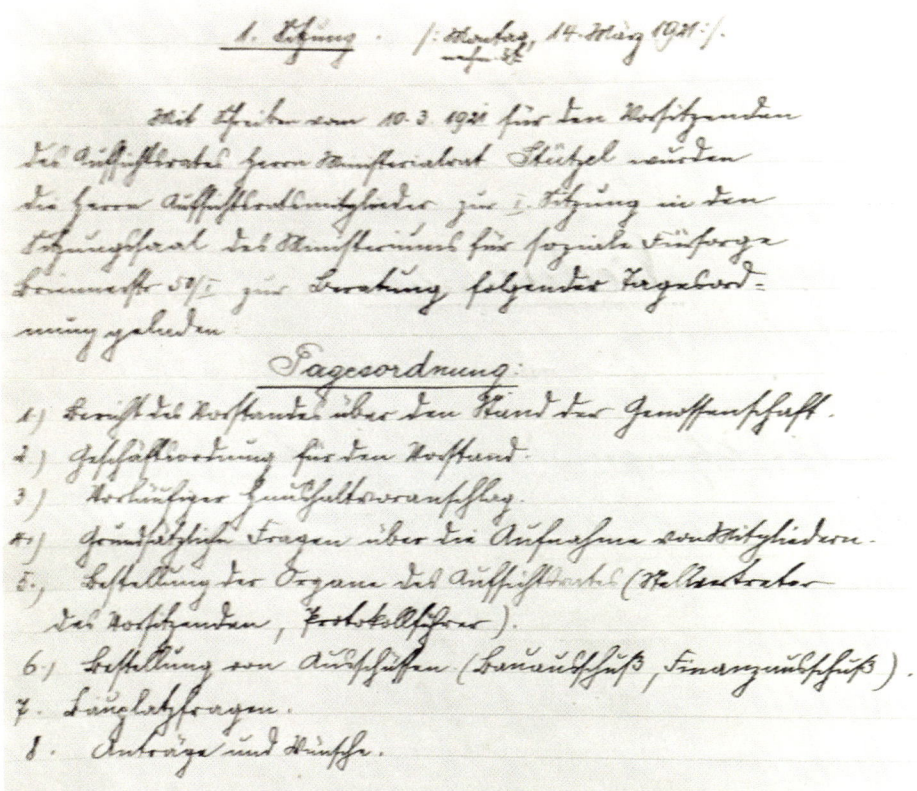

### Der erste Aufsichtsrat und Vorstand

Der erstmals gewählte Aufsichtsrat bestand laut Satzung aus 12 Mitgliedern. Den ersten Vorsitz übernahm Ministerialrat Stützel, der diese Position bis 1924 innehatte. Der Aufsichtsrat war ein Abbild der Zusammensetzung der Genossenschaft. Er bestand aus Vertretern der Regierung von Oberbayern, der verschiedenen bayerischen Ministerien (insbesondere des Ministeriums für Soziale Fürsorge), verschiedener Reichsministerien und -institutionen wie der Post oder der Eisenbahn bis hin zu Beamten des Schuldiensts. Für den Vollzug der Geschäfte richteten der Aufsichtsrat und der Vorstand drei Ausschüsse ein. Dies geschah in ihrer ersten gemeinsamen Sitzung am 14. März 1921 und in der dritten Sitzung vom 2. Juli 1921. Die Ausschüsse kümmerten sich speziell um die Finanzen, den Bau und die Verwaltung und waren jeweils mit drei Vertretern des Aufsichtsrats besetzt.[48] Den Vorstand bildeten drei gewählte Mitglieder der Genossenschaft, die die Leitung nach innen und die gesetzliche Vertretung nach außen übernahmen. Die Wahl für den ersten Vorstand fiel auf Oberregierungsrat Otto Edelmann, den Geheimen Ministerialsekretär Luitpold Saur und Obersekretär Jakob Egger. Edelmann hielt seine Position durchgehend bis 1956 und prägte so die Ausrichtung der Genossenschaft.[49]

### Die ersten Beitritte

Im Anschluss an die Gründungsversammlung bestand die Tätigkeit des Vorstands in erster Linie in der aktiven Anwerbung von Mitgliedern.[50] Neben Veröffentlichungen in Tages- und Wochenzeitungen wie der Bayerischen Staatzeitung wurden Werbeschreiben in Behörden und Institutionen ausgelegt. Bereits zum 14. März 1921 waren der Genossenschaft 201 Mitglieder beigetreten, die Anteile zu insgesamt 143.500 M gezeichnet hatten. Unter ihnen war auch der Minister für Soziale Fürsorge Oswald, der neben einem Zuschuss von 3.000 M noch weitere 50 Geschäftsanteile aufnahm.[51] Mit den Beitrittsgeldern, den gezeichneten

Der Hinterhof der Lothstraße 30/32 in den 1920er-Jahren.

Anteilen und dem Zuschuss besaß die Genossenschaft zu diesem Zeitpunkt ein Kapital von 150.520 M.[52]

Die Mitgliederzahlen wuchsen in den ersten Monaten nicht nur durch einzelne Beamte, die der Genossenschaft beitraten. Auch bereits bestehende Genossenschaften, die sich für die Beschäftigten verschiedener Behörden gebildet hatten, traten der Organisation geschlossen bei, so wie zum Beispiel die Baugenossenschaft des Landesfinanzamts München.[53] Dies führte einerseits zur Steigerung des Kapitals, andererseits kamen damit auch Bauplätze, die von diesen Genossenschaften bereits erworben worden waren, in den Besitz des Beamtenwohnungsvereins.[54] Der baldige Beginn erster Bauprojekte wurde dadurch sehr erleichtert. Dazu trugen auch Spenden von Baustoffen bei, zum Beispiel von 1.000 Kubikmetern Holz durch die staatliche Forstabteilung.[55] Bauplätze und Rohstoffe waren in der beginnenden Inflation schon deutlich teurer geworden.

## Die Wohnungsbedürfnisse der Mitglieder

Eine damalige Befragung der Mitglieder ergab, dass 76 Prozent eine Mietwohnung und 17 Prozent ein eigenes Haus bevorzugten, wobei vor allem die Lage zum Zentrum (circa zwei bis zweieinhalb Kilometer vom Marienplatz) ein wichtiges Kriterium für den Kauf von Bauplätzen sein sollte.[56] In Bezug auf die Größe der Wohnungen sprach sich der Hauptteil der Mitglieder für Zwei- (30 Prozent) und Dreizimmerwohnungen (50 Prozent) aus.[57] Dementsprechend gestalteten Aufsichtsrat und Vorstand das Bauprogramm für 1921. Als erstes Bauprojekt begann der BWV mit 39 Wohnungen in der Schwabinger Herzogstraße 16 und 18, von denen 19 auf zwei Zimmer und zehn auf drei Zimmer ausgelegt waren.[58] Der Voranschlag für diese 3.030 Quadratmeter Wohnraum belief sich auf 2.770.000 M, der Bau begann im Juli.[59] Im Oktober 1921 startete das zweite Projekt: zwei Häuser in der Kreittmayrstraße 33 und 35, mit jeweils acht Wohnungen auf insgesamt 1.312,3 Quadratmetern.[60]

Der Garten der Lothstraße 30/32 im Jahr 2020.

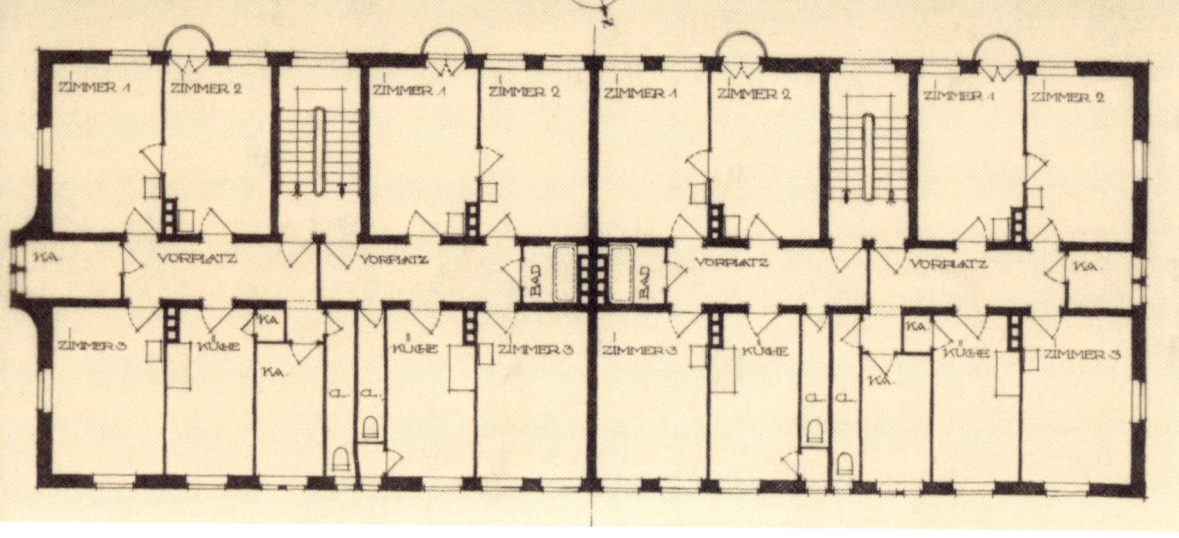

Hierfür beliefen sich die Kosten auf 2.700.000 M.

Die ersten Projekte verzögerten sich aufgrund eines Streiks der Bauarbeiter und durch das baupolizeiliche Verfahren. Insbesondere bei der Kreittmayrstraße gab es längere Auseinandersetzungen mit dem Stadtrat. Das führte dazu, dass die Genossenschaft die für das Baujahr 1921 bereitgestellten Mittel bereits vorzeitig verbrauchen und die Gelder für das nächste Jahr früher als geplant anbrechen musste.[61] Erst im Laufe des Jahres 1922 konnten die Herzogstraße 16 und 18 sowie die Kreittmayrstraße 33 und 35 fertiggestellt und bezogen werden.

Für beide Wohnanlagen hatte die Genossenschaft den Münchner Architekten Franz Deininger (1878–1926) verpflichtet. Deininger war bereits vor dem Krieg ausführender Architekt bei einigen Wohnhäusern in der Stadt gewesen. Dazu gehörten unter anderem Mehrfamilienhäuser in der Leopold-, Prinzregenten- und Widenmayerstraße. Nach dem Ersten Weltkrieg baute er hauptsächlich für den Beamtenwohnungsverein. 1922 errichtete er für Erzherzogin Franziska von Österreich (die Schwägerin des letzten Kaisers von Österreich, Karl I.) das Wernbergschlösschen in Starnberg.

## Förderungen, Zuschüsse und Darlehen

Der finanzielle Vorschub und die Sachspenden in Form von Grundstücken und Baustoffen reichten nicht lange aus. Bald musste der BWV neue Geldquellen erschließen, um weiter bauen zu können. Neben den Förderungen durch Reich, Land und Kommune in Form von Zuschüssen und der Zeichnung von Geschäftsanteilen machten die Arbeitgeberzuschüsse der Behörden an ihre Beamten einen wichtigen Teil der Finanzierung aus. Dennoch riet der Aufsichtsratsvorsitzende Stützel zur Aufnahme von Darlehen zu möglichst günstigen Konditionen.[62] Gleichzeitig müsse darauf geachtet werden, die Voranschläge für die Bauten nicht zu überschreiten, damit von Anfang an ein trotz der Inflation einigermaßen stabiler Mietpreis festgesetzt werden könne. Auch merkten mehrere Mitglieder des Aufsichtsrats an, dass, bei 12.000 Beamten in München, die bisherige Zahl an Beitritten noch ausbaufähig sei und die Genossenschaft entsprechend wesentlich aktiver Werbung für ihre Zwecke betreiben müsse. Erst dadurch könne die Genossenschaft für größere zukünftige Investitionen eine Basis erhalten.[63]

## Solidarität als Prinzip

Um eine gerechte und auf Solidarität beruhende Wohnungsverteilung unter den Mitgliedern zu gewährleisten, führten der Vorstand und der Aufsichtsrat ein Punktesystem ein. Ziel war es, nicht die Genossinnen und Genossen zu bevorzugen, die viele Anteile gezeichnet hatten. Vielmehr sollte die Dringlichkeit der Wohnungsnot jedes einzelnen Mitglieds berücksichtigt werden. So wurden die Wohnungen vor ihrer Bezugsfertigkeit frühzeitig in einem Rundbrief an die Mitglieder ausgeschrieben und hinsichtlich ihrer Lage, Raumzahl und -größe, Ausstattung und Miete beschrieben. Anschließend konnte sich bewerben, wer Interesse hatte. Der Vorstand prüfte dann die Bewerbungen auf ihre Dringlichkeit, wobei er sie nach verschiedenen Kriterien punktemäßig gestaffelt einstufte.

Der Vorstand leitete seine sich daraus ergebenden Vorschläge für die Wohnungszuweisungen an den Verwaltungsausschuss. Dessen Entscheidungen waren dann endgültig. Bis zum zehnjährigen Bestehen 1931 musste das Kriterium der Anteilshöhe bei keiner Entscheidung herangezogen werden – ein deutlicher Hinweis auf die soziale Ausrichtung der Genossenschaft und die Wirksamkeit des Punktesystems.[64]

## Die Bilanz des ersten Jahres

Bis zum Ende des Jahres 1921 waren der Genossenschaft 652 Mitglieder beigetreten. Die Zahl der gezeichneten Anteile belief sich auf insgesamt 872.[65] Kurzfristig diskutierten Aufsichtsrat und Vorstand darüber, ob nicht eine Mitgliedersperre für Neubewerbende

Punktesystem für die Wohnungsvergabe in den 1930er-Jahren.[69]

| a. | Familien mit 3 im Familienverbund lebenden Kindern | 3 Punkte |
|----|----|----|
| b. | Kriegsgeschädigte, Flüchtlinge | 2 Punkte |
| c. | Familien mit getrennten Haushalten und Kindern | 2 Punkte |
| d. | Verheiratete, welche sich mit Kindern in einer Notwohnung befinden | 2 Punkte |
| e. | Verheiratete, welche sich ohne Kinder in einer Notwohnung befinden | 1 Punkt |
| f. | Bewerbungen, denen besonders dringende Verhältnisse zugrunde liegen, die nicht unter die Regelungen a – d fallen, können bewertet werden mit bis zu | 2 Punkte |
| g. | Bei gleicher Punktzahl wird der Zeitpunkt des Eintritts und die Höhe der gezeichneten Anteile mitbewertet. | 1 Punkt |
| h. | Im Übrigen entscheidet das Los. | |

notwendig sei, da nach Stand zum Ende des Jahres höchstens für 50 Genossinnen und Genossen pro Jahr überhaupt die Chance auf eine Wohnungszuweisung gegeben sei und theoretisch auch eine Wartezeit von bis zu zehn Jahren möglich sei.[66] Trotz einiger Teilerfolge schilderte der Vorstand die Situation im ersten Geschäftsbericht als „trostlos".[67] Insbesondere die „lawinenartige" Verteuerung für den Kubikmeter umbauten Wohnraum von 180 M im Januar bis hin zu 447 M im Oktober und der weiter erwartbare rapide Kostenanstieg infolge der Inflation machten deutlich, dass der Beamtenwohnungsverein bereits in seinen Anfangsjahren äußerst schwer auf die Probe gestellt wurde.[68]

Das erste Haus des Beamtenwohnungsvereins konnte erst nach der Überwindung von diversen Hindernissen gebaut werden. Dabei war die Ausgangslage günstig: Schon in der gemeinsamen Sitzung von Aufsichtsrat und Vorstand im März 1921 wurde berichtet, dass ein Gespräch beim Bürgermeister der Stadt München bezüglich der „Überlassung von geeigneten gemeindlichen Grundstücken" ein „befriedigendes Ergebnis" gebracht hatte.[70] In derselben Sitzung wurde bereits konkret ein „Bauangebot" in der Herzogstraße diskutiert, das allerdings vom Aufsichtsrat zunächst abgelehnt wurde.

Offensichtlich beschloss der BWV in den folgenden Wochen doch noch, das Angebot des Architekten Deininger anzunehmen. Der Baubeginn verzögerte sich jedoch durch den Genehmigungsprozess. Im Protokoll der Aufsichtsratssitzung vom 2. Juli 1921 heißt es dazu: „Ausdrücklich wird festgestellt, daß die Verzögerung der Inangriffnahme des Baus auf den Stadtrat zurückzuführen ist, der der Genehmigung die unglaublichsten Schwierigkeiten entgegensetzte. Nur auf das umsichtige Handeln des Vorstandes mit Architekt Deininger, der vom Vorstand als tatkräftiger für alle Sachen als verständnisvoller Architekt geschildert wird, ist die endliche Genehmigung des Plans zurückzuführen."

Nun konnte also mit dem Bauen begonnen werden. Einen Monat später, Mitte August, kam die Baustelle wieder zum Stillstand: Wegen eines Streiks tat sich fünf Wochen lang nichts. Nur die Schreiner- und Schlosserarbeiten wurden fertiggestellt.[71]

Bezugsfertig waren die zwei Mehrfamilienhäuser mit insgesamt 39 Wohnungen dann im Mai des folgenden Jahres.[72] Die Wohnanlage wurde von einem Hausmeister betreut, der dort eine Dienstwohnung zur Verfügung gestellt bekam.[73]

Zur Sanierung und Instandhaltung der Anlage: Von den Bombenangriffen des Zweiten Weltkriegs blieben die Häuser verschont. Im Jahr 1969 wurden den Unterlagen des BWV zufolge 21 neue Bäder in der Herzogstraße 16 und 18 eingebaut und 14 bestehende Bäder modernisiert.[74] Fast zwanzig Jahre später gestaltete die Genossenschaft den Innenhof neu. Laut Prüfungsbericht beliefen sich die Kosten für die Begrünung und Neugestaltung der Anlage des Jahres 1987 auf 121.300,00 DM, beantragt wurde dafür ein Zuschuss von der Stadt München in Höhe von 25.600,00 DM.[75] Für die „vorbildliche Gestaltung der Hofräume" wurde der Hof 1990 von der Stadt ausgezeichnet.[76] Bei der Sanierung von Dach und Fassaden in den Jahren 2003 und 2004 wurden auch die Speicher isoliert. 2020 restaurierte man die historischen Fenster fachgemäß. Die Neugestaltung des Hofes wird im Jahr 2021 abgeschlossen.

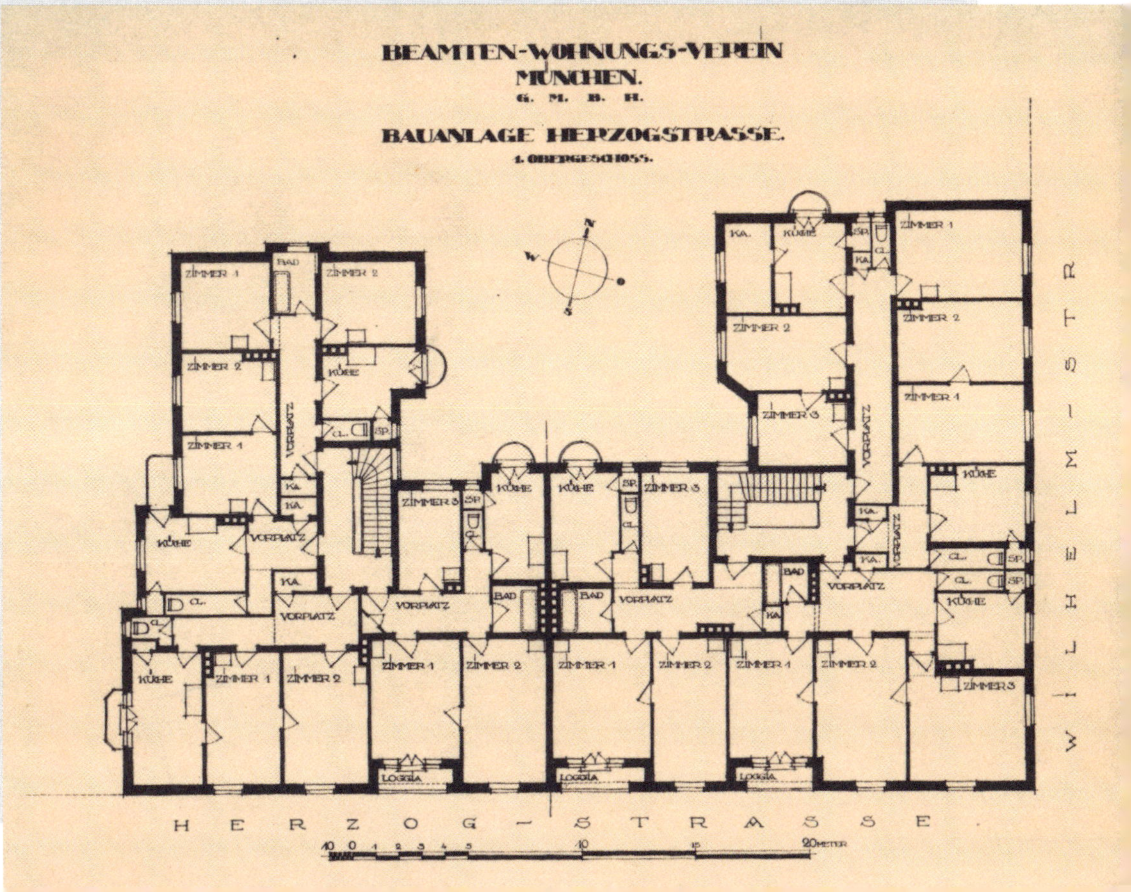

BEAMTEN-WOHNUNGS-VEREIN
MÜNCHEN.
G. M. B. H.

BAUANLAGE HERZOGSTRASSE.
1. OBERGESCHOSS.

HERZOG - STRASSE.

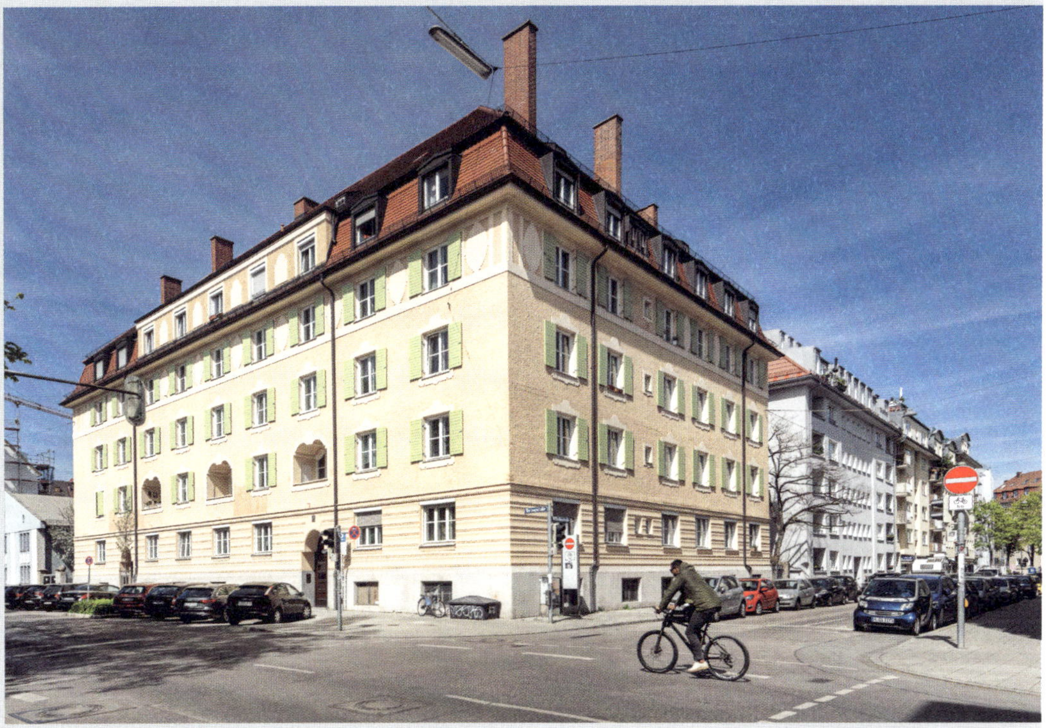

Das Haus in der Herzogstraße 16 und 18 im Jahr 2020.

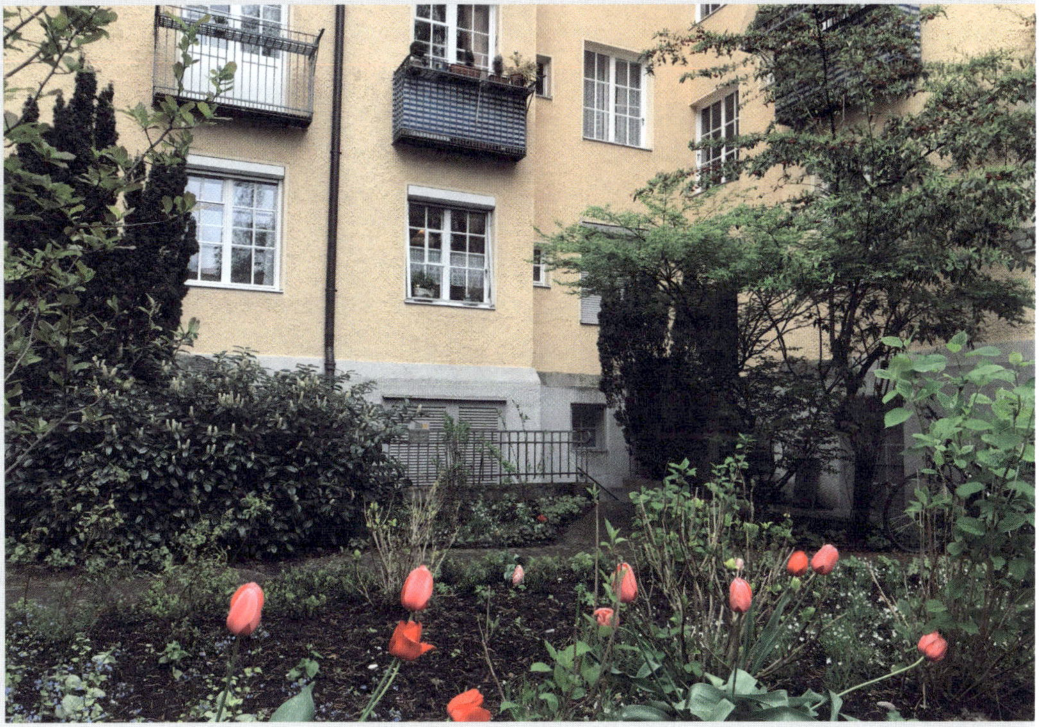

Der Innenhof der Wohnanlage.

Das Eckhaus an der Implerstraße 60, gebaut 1925.

**2**

Von den Goldenen Zwanzigern
in eine dunkle Zeit
*Die erste Bauphase und die
großen Anfangsprojekte (1921 – 1939)*

Ab Mitte des Ersten Weltkriegs beschleunigte sich die Geldentwertung in Deutschland stetig. Im Herbst 1922 war sie bereits so weit fortgeschritten, dass auch der noch junge BWV dies deutlich zu spüren bekam. Die Preise für Baugrund und -material stiegen beständig, während die bereits zu Beginn eingezahlten Einlagen der Mitglieder monatlich an Wert verloren. Trotzdem zeigten sich Aufsichtsrat und Vorstand im Fall des besonders engagierten Bausachverständigen, Architekt Badberger, großzügig und gewährten ihm für seine bisherigen Mühen eine materielle Entschädigung im Wert von 9.000 M – in Form von zwei Paar Stiefeln.[77]

## Inflation

Die Stiefel sind nur ein Beispiel für den Verfall der Währung zwischen 1916 und 1923: Hatte im Juli 1914 die Papiermark noch mit der Goldmark gleichauf gelegen, war sie zum Januar 1920 bereits auf den zehnten Teil dieses Werts gefallen. Ein Jahr später lag das Verhältnis zwischen Papier- und Goldmark bereits bei 10.000:1 und auf dem Höhepunkt der Hyperinflation im November 1923 bei einer Billion zu eins. International entsprach der Wert eines Dollars damit 4,2 Billionen Papiermark.[78] Der Preis für ein Pfund Kartoffeln lag im September 1923 bei 1,24 Millionen M, der für ein Pfund Roggenbrot bei drei Millionen, während ein Pfund Butter mit 168 Millionen M zu Buche schlug.[79]

Für Beamte, die seit dem Krieg mit Gehaltskürzungen leben mussten, war dies existenzbedrohend. Gemessen an den absoluten Zahlen stiegen zwar die Besoldungen, die Erhöhungen hielten jedoch nicht mit der Inflationsrate Schritt. So verringerte sich der tatsächliche Reallohn beispielsweise der mittleren Beamten um die Hälfte, während die höheren Beamten annähernd zwei Drittel ihres Einkommens einbüßten.

Sebastian Haffner (1907–1999), der bekannte Historiker und Kolumnist des *Stern*, erlebte in seiner Kindheit als Sohn eines höheren preußischen Staatsbeamten die Auswirkungen der Geldentwertung: „Am 31. oder ersten des Monats bekam mein Vater sein Monatsgehalt, das unseren Lebensunterhalt darstellte [...]. Auf jeden Fall versuchte mein Vater, eine Monatskarte für die U-Bahn so schnell wie möglich zu kaufen [...]. Dann wurden Schecks für die Miete und das Schulgeld ausgestellt, und am Nachmittag ging die ganze Familie zum Friseur [...] und am nächsten Tag stand die ganze Familie [...] um vier oder fünf auf, und fuhr mit dem Taxi zum Großmarkt. Dort wurde ein Großeinkauf organisiert und innerhalb einer Stunde wurde das Monatsgehalt eines Oberregierungsrates für unverderbliche Speisen ausgegeben. [...] Und das war das Ende. Es gab einen Monat lang kein weiteres Geld.“[80]

Die massive Geldentwertung der Inflationszeit zwischen 1916 und 1923 prägt das kollektive Gedächtnis der Deutschen bis heute in Form einer populärökonomischen Erinnerung.[81] Für die Bevölkerung bedeutete sie eine Erfahrung, die das Vertrauen in bis dahin geltende Gesetze des Finanz- und Wirtschaftswesens nachhaltig erschütterte. Vor allem das Bildungsbürgertum, zu dem auch die Beamten gehörten, war auf das Sparen von Vermögen ausgerichtet. Die Inflation fraß die nach dem Krieg verbliebenen Barvermögen

Die Häuser an der Troger-straße in den 1920er-Jahren.

Die Trogerstraße im Jahr 2020.

auf. Während Großbesitzer, Sachwert-eigentümer und Arbeiterschaft durch-aus von den Folgeerscheinungen der Geldentwertung profitieren konnten, standen Beamte oftmals vor den Trüm-mern ihrer wirtschaftlichen Existenz.

## Anfang mit Hindernissen

Für den BWV bedeutete die Inflation zunächst, dass, trotz der drängenden Wohnungsnot, die ersten Bauprogram-me eher klein ausfallen mussten. Wa-ren im Gründungsjahr 1921 vier Häuser mit 55 Wohnungen begonnen worden, blieb das ursprünglich auf 100 Neubau-wohnungen ausgelegte Bauprogramm für 1922 hinter den Erwartungen zu-rück. Aufsichtsrat und Vorstand beklag-ten die „Hoffnungslosigkeit in einem Jahresprogramm von 25 Wohnungen für 1050 Mitglieder [...], deren Mehr-zahl um ihre wirtschaftliche Existenz kämpft".[82] Die Tatsache, dass zwischen

Mai 1922 und Juli 1925 kein Geschäfts-bericht veröffentlicht wurde, kann als Hinweis auf die wirtschaftlich und fi-nanziell turbulente Zeit gelten. Zwar verfügte der BWV über gute Kontakte zu den ministerialen Entscheidungs-trägern, dennoch befürchtete die Ge-nossenschaft, dass bei einem Quadrat-meterpreis von 5.000 M im Mai 1922 und geschätzten Baukosten für eine Dreizimmerwohnung von 470.000 M (im Vorjahr noch 70.000 M) in Zukunft „Genossenschaften [...] kaum noch le-bensfähig" sein würden.[83]

Im September 1922 diskutierten Aufsichtsrat und Vorstand sogar die Möglichkeit, durch den Verkauf von Grundstücken die finanzielle Lage zu verbessern. Als Kandidat hierfür kam das Gelände an der Rossinistraße in Betracht. Edelmann fand, dass die 75.700 Quadratfuß (circa 6.435 Qua-dratmeter)[84] Baugrund um circa 21.600 Quadratfuß zu groß waren. Die-se wollte er für 6 M pro Quadratfuß,

zu insgesamt 130.000 M, verkaufen.[85] Prinzipiell stimmte der Aufsichtsrat zu, wollte aber mindestens das Doppelte des Ankaufspreises erzielen – in Hinblick auf die Inflation. Ziel war es, den Gewinn in Baustoffe zu investieren.

Trotz aller Schwierigkeiten gelang es dem BWV in den Jahren 1922 und 1923 insgesamt sieben Häuser mit 71 Wohnungen fertigzustellen[86] (Lothstraße 30 und 32; Trogerstraße 58, 60, 62; Geibelstraße 2, 4). Vor allem Landes-, Reichs- und Arbeitgeberdarlehen ermöglichten die Finanzierung. Die bereits gezeichneten Mitgliederanteile waren zwar nun nichts mehr wert, Aufsichtsrat und Vorstand hatten mit diesen Geldern jedoch bereits genügend Baugrund erwerben können. Während der Ankauf des Geländes an der Lothstraße, das der Stadt gehörte, eher unkompliziert war, gestalteten sich die Verhältnisse an der Troger- und Geibelstraße schwieriger. Der Baugrund gehörte einer wohlhabenden

Privatbesitzerin, deren Geschwister zudem noch Miteigentümer waren. Der Aufsichtsrat beschloss dennoch, den Ankauf dieses für den BWV günstig gelegenen Grundstücks voranzutreiben.[87] Außerdem kaufte die Genossenschaft vom Münchner Unternehmer Friedrich Wamsler noch 1922 einen Baugrund an der Clemensstraße zum (inflationsbedingt) sehr günstigen Preis von 4,50 M pro Quadratfuß.[88] Bis 1907 hatte Wamsler das Gelände dem FC Bayern, zu dessen frühen Förderern er gehörte,[89] als erste offizielle Spielstätte zur Verfügung gestellt (siehe Kapitel 5).[90]

Mithilfe der Darlehen ließ die Genossenschaft Pläne erstellen, Baustoffe ankaufen und Bauarbeiten ausführen. Dabei konnte der BWV davon profitieren, dass sich Vorstand und Aufsichtsrat aus Beamten zusammensetzten, die aus den Bereichen Bau-, Sozial- und Finanzpolitik stammten und entsprechend ihre Kompetenzen einbringen konnten. Sie waren auch

Richtfest in der Gudrun-/
Pötschnerstraße im
Oktober 1924.

## Stabilisierung der Verhältnisse

Die Einführung der Rentenmark und kurz danach der Reichsmark (RM) stabilisierte die Verhältnisse ab Ende des Jahres 1923 wieder spürbar.[92] Haffner zufolge waren es „[k]leine häßlich grau-grüne Scheine […] plötzlich wurden Löhne und Gehälter in Rentenmark ausgezahlt, und etwas später, Wunder über Wunder, erschienen sogar Groschen und Sechser, feste blinkende Münzen. Man konnte sie in der Tasche klimpern lassen, und außerdem behielten sie ihren Wert. Man konnte am Donnerstag noch etwas kaufen mit dem Geld, das man am vorigen Freitag erhalten hatte. Die Welt war voller Überraschungen."[93]

Im Juli 1925 war der BWV zum ersten Mal seit Mai 1922 wieder in der Lage, einen ordentlichen Geschäftsbericht herauszugeben. Fazit war, dass die Wohnungsnot allgemein und besonders für Beamte weiterhin akut bliebe.[94] Bis zum aktuellen Zeitpunkt habe man 271 Wohnungen bauen können, die alle schon von Mitgliedern bewohnt wurden. Nachdrücklich legte der Vorstand die Betonung darauf, dass sich die Wohnsituation für die Mitglieder bereits nachhaltig verbessert habe: So erhielten 1922 lediglich 17 Prozent der Bewerber eine Neubauwohnung zugewiesen. Zum Zeitpunkt der Herausgabe des Geschäftsberichts 1924 (also im Juli 1925) hatte sich diese Quote bereits auf 40 Prozent erhöht – „ein Fortschritt, der beachtenswert" sei, wie die Herausgeber feststellten.[95]

Bis Ende 1924 war die Zahl der Mitglieder auf 1.535 angewachsen. Allerdings kam es im ersten Halbjahr 1925 zu einem signifikanten Einbruch der Mitgliederzahlen. Viele Förderer, die für sich selbst keine Wohnung beanspruchen wollten, traten nach der er-

innerhalb ihrer jeweiligen Behörden vernetzt und konnten als Vermittler fungieren. Bis heute kennzeichnet dies die Genossenschaft.

Nach der Sicherung der Finanzierung und dem Ankauf konnte der BWV dann auch mit dem eigentlichen Bau beginnen. Bis zur gemeinsamen Sitzung am 10. Januar 1923 war die Lothstraße bis auf die Fußböden und die Malerarbeiten fertiggestellt.[91] In der Trogerstraße stand zumindest der Rohbau. Letztendlich konnten die Mitglieder das Haus aber erst im Folgejahr beziehen. Die Protokolle zwischen Januar 1923 und April 1924 fehlen – also vor allem die zur Hochphase der Inflation. Daher ist heute leider nicht mehr genau nachvollziehbar, welche Auswirkungen die Geldentwertung auf die Baugeschwindigkeit hatte. Da es von der Fertigstellung des Rohbaus bis zum Bezug aber annähernd ein ganzes Jahr dauerte, ist es naheliegend, die Verzögerung mit der Inflation zu begründen.

folgreichen Finanzierung der Anfangs-phase aus der Genossenschaft aus. Zum 1. April 1925 halbierte sich die Zahl der Mitglieder annähernd. Den größten Anteil an den Verbliebenen hatten mit 431 die Staatsbeamten (entsprach 57,3 Prozent). Die zweitgrößte Gruppe bildeten mit 246 Mitgliedern die Reichsbeamten (32,7 Prozent). Lediglich 49 (6,5 Prozent) bzw. 26 (3,5 Prozent) Mitglieder waren entweder Gemeindebeamte oder gehörten einem sonstigen Beamtenstand an.[96]

An unbebautem Grund standen dem BWV für künftige Bauprogramme noch circa vier Hektar zur Verfügung. Diese würden für 525 Wohnungen ausreichend sein, so die Schätzungen[97] – wobei die Genossenschaft, wie bereits die Mitgliederbefragungen ergeben hatten, den Fokus auf Zwei- bis Dreizimmerwohnungen legen wollte. Neben der Zahl der Neubauten sollte auch die Wohnqualität der einzelnen Einheiten steigen. Bereits für die Neubauwohnungen des Jahres 1925 waren neben den Wohnräumen, der Küche sowie Keller- und Speicherräumen jeweils eine „helle Kammer" pro Wohnung und ein eigenes Bad vorgesehen.[98] Darüber hinaus planten Aufsichtsrat und Vorstand, zukünftig alle neuen Wohneinheiten an das Gasnetz anzuschließen und mit elektrischem Licht auszustatten.

## Beginn der Großprojekte

Ab 1924 begann die Phase der groß angelegten Jahresbauprogramme. Bis Ende 1928 entstanden 58 Häuser mit 516 Wohnungen (inklusive sechs Läden und der Geschäftsstelle der Genossenschaft in der Liebigstraße 43).[99] Für diese Projekte musste der BWV neue Grundstücke erwerben. 1924 gab

der BWV dafür beispielsweise knapp 400.000 Reichsmark aus.[100] Im Einzelnen waren dies Grundstücke an der:

- Schneckenburger-/Versailler Straße: 31.814 Quadratfuß zu 56.355 RM
- Versailler/Prinzregentenstraße: 7.164 Quadratfuß zu 12.895 RM
- Schneckenburgerstraße (Baulücke): 4.340 Quadratfuß zu 7.000 RM
- Pötschner-/Gudrunstraße: 43.639 Quadratfuß zu 61.095 RM
- Pötschner-/Gudrun-/Schluderstraße: 113.760 Quadratfuß zu 159.264 RM
- Implerstraße (nahe der Sendlinger Großmarkthalle): 47.219 Quadratfuß zu 59.000 RM

Dazu kam noch ein Gebäude an der Ainmillerstraße 4 zu 32.000 RM. Ohne dieses Gebäude belief sich die Größe aller in diesem Jahr neu gekauften Grundstücke auf gut 21.000 Quadratmeter. Der Einschätzung des technischen Beraters zufolge seien die Preise sehr günstig gewesen. Das Geld für den Ankauf hatte das Sozialministerium leihweise zur Verfügung gestellt.

Einige Male sah sich der Vorstand allerdings auch gezwungen, eigenmächtig beim Ankauf zu handeln und Grundstücke ohne Rücksprache mit dem Aufsichtsrat anzukaufen. So nutzte Edelmann die Gelegenheit und kaufte im Juli 1924 ein Grundstück am Herzogpark.[101] Es war Teil eines Konkursverkaufs und mit einer statt ursprünglich fünf (vermutlich) Rent.M pro Quadratfuß ausgeschrieben. Dass er keine Rücksprache mit dem Aufsichtsrat gehalten hatte, begründete er mit der Eile, ein verbindliches Angebot abzugeben. Seiner Meinung nach hätte es zu lange gedauert, eine beschlussfähige Sitzung einzuberufen – in Zeiten, in denen die Kommunikation noch hauptsächlich über brieflichen Kontakt verlief, eine nachvollziehbare Begründung. Der Aufsichtsrat genehmigte den Kauf nachträglich, bat sich aber aus, in Zukunft wieder regulär vorher befragt zu werden.

Nach den Bauverzögerungen während der Inflationszeit konnte die Genossenschaft ihre Bauten nun auch wesentlich schneller fertigstellen. Damals hatte es bei der Wohnanlage in der Trogerstraße vom Baubeginn bis zum Bezug knapp anderthalb Jahre gedauert. Nun war das Haus in der Kaulbachstraße 95, das im Herbstbauprogramm 1927 begonnen worden war, bereits Anfang Juli 1928 bezugsfertig.[102]

Seit dem Mitgliederrückgang 1925 verbuchte der BWV wieder stetig steigende Zahlen: Zum Dezember des Jahres 1928 erreichte der BWV mit 1.029 Mitgliedern einen neuen Höchststand.[103] Von diesen lebten 648 in einer der errichteten Wohnungen. Damit waren knapp zwei Drittel der Mitglieder mit Wohnraum versorgt. Vor allem Kleinwohnungen standen dabei im Vordergrund. Als solche galten Wohneinheiten mit bis zu drei Zimmern. Diese machten insgesamt über 80 Prozent des Bestands aus.[104]

1927 entstanden, wie einzelne Mitglieder von Beginn an bereits angeregt hatten, vier Einfamilienhäuser in der Flemingstraße. Obwohl einzelne Mitglieder die Errichtung weiterer Wohnstätten dieser Art wünschten, beschlossen Vorstand und Aufsichtsrat, dies nicht weiter zu verfolgen. Zum einen seien die Häuser, trotz der Anfragen innerhalb der Genossenschaft, im Ganzen schwer zu vermitteln, da die Jahresmiete mit 1.700 RM für fünf Zimmer und Garten verhältnismäßig hoch sei.[105] Zum anderen seien die Baukosten in den vier Fällen unverhältnismäßig hoch gewesen[106] und hätten den Voranschlag um 20 Prozent überstiegen.[107]

## Bezahlbare Mieten

Die Bauplätze hatten dem Kriterium der örtlichen Nähe zum Stadtzentrum, also dem Marienplatz, zu genügen. Entsprechend entstanden die Häuser der ersten Bauprogramme vor allem in Schwabing/Maxvorstadt (Herzogstraße, Kreittmayrstraße, Lothstraße, Clemensstraße, Rossinistraße, Destouchesstraße, Kaulbachstraße, Cherubinistraße) und in Au/Haidhausen (Hochstraße, Schneckenburgerstraße, Versailler Straße, Prinzregentenstraße, Grillparzerstraße, Hackländerstraße). Auch in Bogenhausen (Trogerstraße, Geibelstraße, Flemingstraße), Neuhausen (Pötschnerstraße, Gudrunstraße, Schluderstraße), Sendling (Implerplatz, Implerstraße, Danklstraße) und im Lehel (Liebigstraße) fanden sich Grundstücke, die die Anforderungen des BWV erfüllten. Die Nähe zur Stadtmitte war auch von Bedeutung für den Mietberechnungsschlüssel. Wohnungen, die im Umkreis von zwei Kilometern zur Mariensäule lagen, kosteten im Schnitt 9,50 RM Miete pro Quadratmeter und Jahr, während bei einer Entfernung von über zwei Kilometern die Miete nur bei 9 RM liegen sollte.[108] Tatsächlich gelang es dem BWV bis zum Jahr 1928, die durchschnittliche Quadratmetermiete bei 9,17 RM pro Jahr einzupendeln.[109] Nach der Bayerischen Beamtenbesoldungsreform im gleichen Jahr lag der jährliche Durchschnittsverdienst eines Volksschullehrers je nach Dienstjahr zwischen 2.800 und 5.000 RM (in der gleichen Besoldungsgruppe rangierten beispielsweise auch behördliche Inspektoren und Forstverwalter). Dazu erhielt er einen jährlichen, von seinem

## Bebaute Grundstücke:

| Nummer im Plan: | Strasse: | Zahl der Häuser | Wohnungen |
|---|---|---|---|
| 5 | Cherubinistr. | 1 | 10 |
| 2,3,5 | Clemensstr. | 3 | 40 |
| 19 | Dänkhelstr. | 1 | 10 |
| 2,3 | Destouchesstr. | 1 | 15 |
| 9 | Flemmingstr. | 4 | 4 |
| 11 | Geibelstr. | 2 | 12 |
| 22 | Gudrunstr. | 8 | 99 |
| 15 | Grillparzerstr. | 2 | 20 |
| 15 | Hackländerstr. | 2 | 20 |
| 7 | Herzogstr. | 2 | 39 |
| 16 | Hochstr. | 3 | 25 |
| 18 | Implerplatz | 2 | 20 |
| 18 | Implerstr. | 2 | 19 |
| 8 | Kaulbachstr. | 1 | 8 |
| 1 | Kreitmayrstr. | 2 | 16 |
| 6 | Liebigstr. | 1 | 12 |
| 1 | Lothstr. | 2 | 26 |
| 20 | Pötschnerstr. | 13 | 111 |
| 13 | Prinzregentenstr. | 5 | 50 |
| 2,3 | Rossini str. äussere | 5 | 50 |
| 21 | Schluderstr. | 1 | 10 |
| 13 | Schneckenburgerstr. | 7 | 69 |
| 12 | Trogerstr. | 4 | 43 |
| 15 | Versaillerstr. | 4 | 39 |
| Sa | | 78 | 767 |

## Unbebaute Grundstücke

- 10 Adalbert-Stifterstr.
- 4 { Ansprenger-Clemens-Destouchesstrasse
- 14 Hackländerstrasse
- 17 Implerstrasse
- ausserhalb des Planes Agnes-Bernauerstr. (Laim)

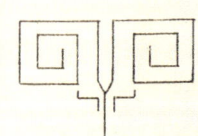

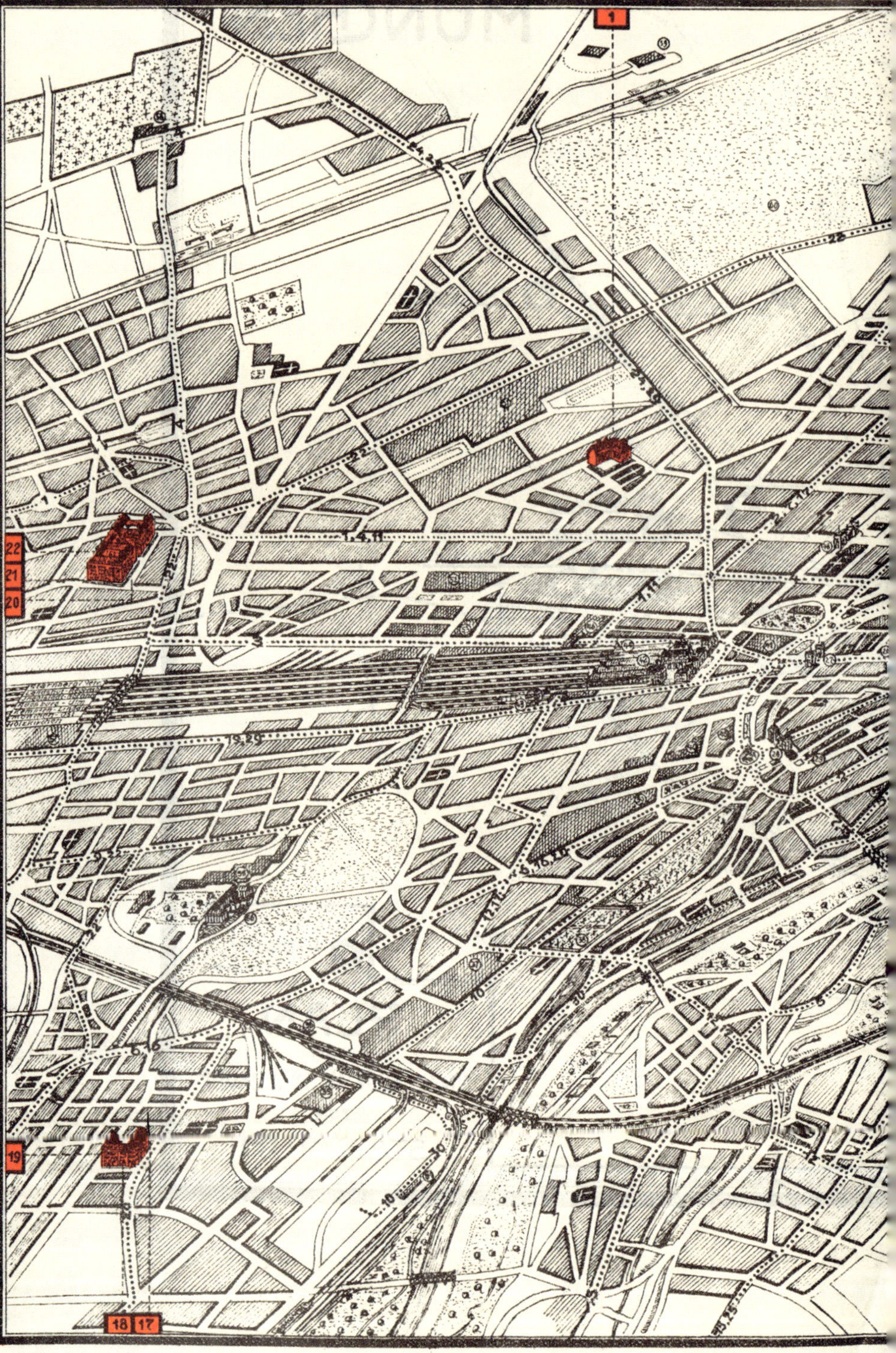

# -Verein München e.G.m.b.H.
## esitzes in München (Stand am 1.1.1931)

17. Tierärztl. Hochsch.  32. Jsartor  47. Sozial-Minist.
18. Kleinhess-See  33. Amtsgericht  48. Propyläen
19. Nation.-Mus.  34. Ostfriedhof  49. Techn.-Hochsch.
20. Landes-Verm.A.  35. Grossmarkt-H.  50. Pinakoteken
21. Maximilianeum  36. Südbahnhof  51. Alt.-nördl. Frdf.
22. Kgl. Hofbräuhaus  37. Schlachthof  52. Reichsw. Lehr-An
23. Krankenhs. r.d.J  38. Südl. Friedhof  53. Oberpostdirekt.

1. Frauenkirche  9. Finanz-Min.  24. Prinzreg.-Th.  39. Krankenhs. l.d.J.  54. Jsartalbahnhof
2. Rathaus  10. Kreis-Regierung  25. Ostbahnhof  40. Pol.-u. Aug.-Klinik  55. Ausstellgs.-Geb.
3. National-Th.  11. Reichsw.-Behör.  26. Polizei-Dir.  41. Justizpalast  56. Bavaria
4. Minist. d. Äuss.  12. Staatsbibliot.  27. Karlstor  42. Hauptbahnhof  57. Hauptzollamt
5. Staatsbank  13. Universität  28. Sendling.-Tor  43. Holzkirch. Bhf.  58. Westfriedhof
6. Minist. d. Innern  14. Siegestor  29. Techn.-Rathaus  44. Starnb. Bahnhf.  59. Flug-Bahnhof
7. Finanzamt  15. Akad. d. bild. K.  30. Gärtnerpl.-Theat.  45. Postscheckamt  60. Oberwiesenfeld
8. Residenz  16. Landw.-Minist.  31. Deutsch. Museum  46. Reichsverk.-Geb.  61. Kasernen

**Zeichenerklärung**
③ Öffent. Bauten etc. Aufstellung rechts
7, 15...... Strassenbahnen u. halhaltende Linien
12 Wohnhausbauten Aufstellung links
Vervielfältigungsrecht vorbehalten

## Geschäftsstelle
### des
## Beamten-Wohnungsvereins
e.G.m.b.H.
## München 22 Liebigstr. 43
Postscheckkonto: München 31665 ✤ Fernsprecher Nº 296278

BAYERN

Entwurf u. Zeichnung vom Mitglied Ingenieur J. Dunkl, München 9, Hochstr. 56

Familienstatus abhängigen Wohngeldzuschuss von 444 bis 840 RM.[110] Bei der durchschnittlichen Größe einer Wohnung des BWV von 100 Quadratmetern[111] hätte er somit (abhängig von Besoldung und Zuschuss) zwischen 15 bis 28 Prozent seines Verdienstes für die Miete aufbringen müssen. Zusammen mit dem bis 1931 auf 100 RM gesenkten Geschäftsanteil, den jedes neue Mitglied (neben dem Eintrittsgeld von 50 RM) mindestens erwerben musste, blieben die finanziellen Verpflichtungen der Genossenschaft gegenüber damit im tragbaren Rahmen.[112]

## Erste Instandsetzungen

In den Häusern des BWV wurden schon bald erste Schönheitsreparaturen und Instandsetzungen fällig. Die Ausgaben hierfür stiegen von 16 Prozent der Gesamtausgaben des Jahres 1925 auf 21 Prozent im Jahr 1928.[113] Unter den Posten Instandhaltungen fielen vor allem Schönheitsreparaturen, die heute die Mieterinnen und Mieter meist selbst übernehmen müssen, wie das Streichen von Küchen und Zimmern, das Tapezieren und verschiedene Malerarbeiten.[114] Größere Kosten verursachte der nachträgliche Einbau von Bädern in den Inflationsbauten, die auf das interne Wohnniveau gebracht wurden.

Insgesamt waren Aufsichtsrat und Vorstand mit der Bilanz zwischen 1921 und 1928 zufrieden. Der BWV stehe „nach dem Kriege in seiner Neubautätigkeit an der Spitze aller bayerischen Beamtenbaugenossenschaften".[115] Er könne daher, so die interne Auffassung, das „Zeugnis der Gemeinnützigkeit" für sich berechtigt in Anspruch nehmen.[116]

## Weltwirtschaftskrise

Die 1920er-Jahre endeten dramatisch: Die Weltwirtschaftskrise begann am 24. Oktober 1929 mit dem Abzug ausländischen Kapitals an der New Yorker Börse und den anschließenden Kursstürzen. Europa und vor allem Deutschland traf die Krise hart. Viele langfristige Wirtschaftsprojekte waren mit kurzfristigen Krediten aus den Vereinigten Staaten finanziert worden. Nachdem diese ausgelaufen waren, konnten die bestehenden Schulden nicht mehr durch neue Geldaufnahmen refinanziert werden, da sich nun kaum noch Geldgeber fanden. In der Folge kollabierten die Wirtschafssysteme. Bis 1932, dem Tiefpunkt der Depression, fiel die Industrieproduktion Deutschlands auf fast die Hälfte und das Bruttosozialprodukt auf zwei Drittel des Stands von 1928.[117] Die offiziellen Arbeitslosenzahlen stiegen auf 5,3 Millionen, während die tatsächliche Zahl auf über 8 Millionen geschätzt wurde – das waren 37 Prozent der Erwerbsfähigen.[118] Die radikale Deflationspolitik des Kabinetts Brüning erschwerte die Verbesserung der wirtschaftlichen Lage zusätzlich.

Auch der BWV spürte die Auswirkungen der Depression. Während 1929 noch als relativ erfolgreiches Jahr mit dem Baubeginn von 6 Häusern und 65 Wohnungen in den Jahresabschluss ging,[119] waren die nächsten Jahre weniger erfolgreich. Dabei wurden neue Wohnungen nach wie vor dringend benötigt, die Zahl der Wohnungssuchenden hatte sich in München zwischen 1925 und 1928 auf 24.000 verdoppelt.[120] Die Mitgliederzahlen gingen ab 1930 zunächst zurück und stagnierten dann bis 1933 bei circa 1.070. Die Neubauprogramme wurden kleiner. 1932 war das erste Jahr der Genossenschaft, in dem kein Neubau vorgesehen war.

Auch die finanzielle Lage einiger Mitglieder verschärfte sich. Noch 1928 war es möglich gewesen, die Miete von bisher 97 Prozent der Grundmiete auf 103 Prozent zu erhöhen. 1930 planten Aufsichtsrat und Vorstand, den Mietsatz wieder auf 95 Prozent zu senken, 1932 wurde dies umgesetzt.[121] Damit übertraf die Mietsenkung jede andere aller vergleichbaren Münchner Baugenossenschaften.[122] Darüber hinaus sah sich der BWV zu Sparmaßnahmen bei Gehältern und Instandsetzungen gezwungen, obwohl sich deren Zahl seit 1927 mehr als verdoppelt hatte.[123]

Aufsichtsrat und Vorstand waren nun häufiger gezwungen, in den gemeinsamen Sitzungen über Mitglieder zu entscheiden, die ihre Mieten und/oder ihre Ratenzahlungen für die gezeichneten Geschäftsanteile schuldig blieben. Trotz der immer noch herrschenden Nachfrage nach freien Unterkünften standen immer öfter gerade große Wohnungen für längere Zeit leer. Aufsichtsrat und Vorstand diskutierten daraufhin Vorschläge zur Wohnungsteilung.[124] Zudem stieg die Zahl an Untervermietungen stark an. Waren 1926 lediglich 55 Genossinnen und Ge-

nossen registriert gewesen, die einen Untermieter hatten, stieg die Zahl zum Jahreswechsel 1930/31 auf 159.[125] Die beiden Gremien vertraten die Ansicht, dass in Anbetracht „der heutigen wirtschaftlich schweren Zeit, [in der] doch meist nur der vermietet, der dazu gezwungen ist", auf Zuschläge von den betreffenden Wohnungsmietern verzichtet werden sollte.[126]

## Zukunftssorgen

Trotz allem war die Bilanz des BWV nach der ersten Dekade durchaus positiv: Insgesamt verzeichneten Aufsichtsrat und Vorstand den Bau von 767 Wohnungen, sieben Läden und einer Geschäftsstelle seit 1921.[127] Diese verteilten sich auf 78 Häuser. Bis zum Februar 1931 waren der Genossenschaft 1.073 Mitglieder beigetreten. Von diesen waren 83 Prozent mit Wohnraum versorgt. Vier Fünftel der Wohnungen zählten mit ein bis drei Zimmern zur Kategorie der Kleinwohnungen.[128]

Die gesamte bebaute Wohnfläche bemaß zu diesem Zeitpunkt knapp 77.770 Quadratmeter.[129] Im Durch-

Der Innenhof der alten Anlage in Sendling am Implerplatz bietet viel Platz zum Spielen.

47

Oben links: Das
Treppenhaus Implerstraße
60, genannt „das Auge".

Oben rechts: Treppenhaus mit
restauriertem historischen
Oberlicht in Haidhausen.

Unten links: Blick in
ein Treppenhaus in
Schwabing.

Unten rechts:
Treppenhaus in
Neuhausen.

schnitt zahlten die Mieterinnen und Mieter pro Quadratmeter 9,27 RM Miete im Jahr. Die durchschnittliche Wohnfläche pro Wohnung lag bei etwas mehr als 100 Quadratmetern, die im Mittel gezahlte Jahresmiete bei 955 RM. An unbebautem Grund verfügte der BWV zu diesem Zeitpunkt noch über Raum für circa 25 Häuser und 250 Wohnungen.

Auch wenn das Ergebnis der ersten zehn Jahre die anfänglichen Erwartungen übertroffen hatte, sahen Aufsichtsrat und Vorstand wegen der „wirtschaftlich schweren Zeit" von einer Feier ab.[130] Der Blick in die Zukunft war eher verhalten: Nachdem sich die Situation Mitte der 1920er-Jahre entspannt hatte, ließen gesetzliche Begrenzungen und Einschränkungen

weiterhin einen Mangel an Mittelwohnungen (drei bis vier Zimmer, 65 bis 120 Quadratmeter) erwarten. Auch allgemein vertrat die Führungsebene der Genossenschaft die Ansicht, die Bauprogramme der Zukunft würden wieder schwieriger zu gestalten sein. Vor allem die schlechte Wirtschaftslage, die unzureichende Finanzierung durch mangelnde Möglichkeiten zur Darlehensbeschaffung und die staatlichen Notverordnungen trugen zur pessimistischen Lagebeurteilung bei. Zur Wende des Jahres 1930/31 waren bereits eingeplante Darlehen wieder zurückgezogen worden. Auch aus ungewöhnlichen Quellen, wie beispielsweise dem katholischen Begräbnisverein, war „nichts mehr zu holen".[131]

## Wohnen und Alltag

Der BWV verfolgte das Ziel, dass die gebauten Wohnungen in ihrer Größe, ihrem Grundriss und ihrer Ausstattung den Bedürfnissen der Mitglieder entsprachen. Allerdings waren sich Aufsichtsrat und Vorstand bewusst, dass Kleinwohnungen mit zwei bis drei Zimmern für Familien mit Kindern bestenfalls als ausreichend, jedoch nicht als optimal gelten konnten. Zweizimmerwohnungen seien grundsätzlich nur für kinderlose Ehepaare geeignet.[132] Familienfreundlich war auch ein Vorschlag, den ein Aufsichtsratsmitglied 1932 einbrachte: In den Höfen der Gebäudekomplexe sollten neben den Rasen- und Kiesflächen auch spezielle Spielplätze entstehen.[133] Der Beschluss hierzu wurde einstimmig gefasst. Als einige Jahre später die ersten Diskussionen zur Notwendigkeit von Garagenplätzen stattfanden, wurde deren

Planung nur unter der Bedingung angenommen, dass dabei vorerst keine Spielplätze verloren gehen sollten.[134]

### Die Ausstattung der Wohnungen

Beim Bau der einzelnen Häuser entschieden sich die Verantwortlichen in Absprache mit den Architekten für Hochbauten, also traditionelle Stadthäuser. In der Publikation zum 10. Jubiläum wurde diese Architektur, die sich bewusst abgrenzte von der innovativen „neuen Sachlichkeit", verteidigt: „Ich fürchte sehr, unsere Bilder und Grundrisse […] bestehen nicht vor der ‚neuen Sachlichkeit'. […] Der B. W. V. konnte sich auch nicht entschließen, die Wohnflächen auf die Grenzen der Bewegungsmöglichkeit einzuschränken, von dem Grundsatze ausgehend,

Raum nicht bloß für Einzelpaare, sondern auch für Kinder zu schaffen und in bescheidenen Grenzen sogar die Stellung von Möbeln zu ermöglichen."[135]

Im Jahr 1924 gab es vor allem Diskussionen in Hinblick auf die Nutzung der Küchen. Sollte die Küche als Wohnküche integraler Bestandteil des Alltags sein? Oder sollte sie, auf die notwendigste Größe und Ausstattung beschränkt, ein kompakter Arbeitsplatz sein, wie es die „Frankfurter Küche" zum Konzept machte? Während der Aufsichtsratsvorsitzende Stützel für eine räumliche Beschränkung der Küche plädierte, da er die Nutzung von Küchen als Wohnräume für eine „Lebenssitte von anderen Schichten" hielt,[136] vertrat die Mehrheit von Aufsichtsrat und Vorstand das Konzept der Wohnküche.

Allgemein war die grundsätzliche Ausstattung der Wohnungen deutlich gehobener als bei anderen Baugenossenschaften – speziell solchen, die nicht für Beamte, sondern beispielsweise für Arbeiterinnen und Arbeiter konzipiert waren. Bei Neubezug waren sämtliche Räume mit Bodenbelag (Eichen- oder Föhrenparkett) versehen.[137] Daneben waren eine Küche und – falls nicht bereits eine Zentralheizung installiert war – auch Öfen vorhanden. Tapeten und Wandfarben gehörten zur regulären und regelmäßig durch die Genossenschaft instandgesetzten Einrichtung.

Die Wohnqualität stieg im Laufe der Jahre weiter an, das wird unter anderem an den Badezimmern deutlich. 1922 lehnten Aufsichtsrat und Vorstand die Einrichtung von Badezimmern ab. Sie stellten lediglich die Möglichkeit in Aussicht, dass bei einer Beteiligung der Mieterinnen und Mieter an den Anschaffungskosten und bei einer Mieterhöhung eine Genehmigung

erteilt werden könne.[138] 1924 erfolgte für die Neubauten in der Troger- und Lothstraße ein regulärer Jahreszuschlag von 60 RM für ein Bad,[139] ein Jahr später wurden alle Häuser des Bauprogramms bereits mit Bad geplant.[140]

Die Wohnsituation der Beamten ging also, trotz der teilweise äußerst schwierigen politischen und wirtschaftlichen Umstände, schon bald über die reine Befriedigung des Grundbedürfnisses „Wohnen" hinaus. Dieser gehobene Wohnanspruch spiegelte sich auch in den Themen wider, mit denen die Mitglieder sich an Aufsichtsrat und Vorstand wandten. Neben verschiedenen Bitten und Forderungen nach Schönheitsreparaturen in Wohnungen, an Fassaden und an Garten-/ Hofanlagen, beklagte sich 1931 eine Mietpartei in der Clemensstraße 56 über schlechte Gesundheitsverhältnisse, die durch eine unter dem Haus verlaufende Wasserader bedingt wären.[141] Im Folgejahr schlossen sich andere Mieter der Klage an und ließen mitteilen, dass ein Rutengänger Erdausstrahlungen festgestellt hätte.[142] Die Bitte um Aufstellung eines Apparats gegen die Strahlung genehmigte der BWV unter der Bedingung, dass die Kosten von den Mietern getragen würden.

## Beamtentum zwischen „Beruf" und „Stand"

Die vergleichsweise gehobene Ausstattung kann als Ausdruck für das Selbstverständnis des Beamtentums als tragende Säule der staatlichen Verwaltung verstanden werden. Trotz der Reformbestrebungen der Weimarer Zeit blieb die Sonderstellung des Berufsstands im Wesentlichen erhalten.[143] Noch um 1930 hatten circa zwei Drittel aller aktiven Beamten ihre Karriere

schon vor dem Ersten Weltkrieg begonnen.[144] Es gab nur wenige überzeugte Anhänger der Republik, die gleichzeitig offen für umfassende Reformen waren.

In seiner Existenz war das Berufsbeamtentum durch die neue Regierungsform nicht bedroht. Die staatstragenden Parteien der Weimarer Republik waren sich über die Notwendigkeit des Fortbestands grundsätzlich einig, wenn auch, beispielsweise von der SPD, eine „Demokratisierung" der Beamtenschaft gefordert wurde. So hielt auch der Entwurf für die Neufassung des Reichsbeamtengesetzes im Jahr 1923 prinzipiell an „der Sonderstellung des Beamtenstandes" fest.[145]

Neben den finanziellen Aspekten ihres Berufs bedeutete für viele Beamte auch der soziale Status ihrer Tätigkeit eine hohe Motivation und besaß besondere Bedeutung für das Selbstverständnis.[146] Teils greift tatsächlich eher die Bezeichnung „Stand" anstelle von „Beruf". Der „Beamtenstand" war oft mit einem strengen Gedankenkonstrukt aus hierarchischer Ordnung und persönlichem Ehrgefühl verbunden. Dies konnte mitunter zu ernsthaften Konflikten innerhalb des BWV führen.

Anfang des Jahres 1925 kam es zu Differenzen zwischen dem ersten Vorstand Oberregierungsrat Otto Edelmann und dem interimsmäßig agierenden Aufsichtsratsvorsitzenden Hauptlehrer Anton Scherbauer. Edelmann fühlte sich in seiner Beamtenehre angegriffen, da Scherbauer ihn am Telefon im Ministerium für mangelnde Absprachen des Vorstands mit dem Aufsichtsrat kritisiert hatte. Hierbei muss bedacht werden, dass durch die übliche Praxis der manuellen Verbindung von Telefongesprächen durch Telefonistinnen jeder Anruf in gewissem Maße von anderen mitgehört werden konnte. Die Äußerungen Scherbauers habe er, so Edelmann, als „sehr merkwürdig und peinlich empfunden und [er habe sich] verbeten, daß [er] durch ein öffentliches Telefon beleidigt" werde.[147] Er äußerte, „dass er [...] sich eine Korrektur im (!) amtlichen Telefon auch nicht durch einen Regierungsdirektor oder eine höhere Persönlichkeit bieten lassen" würde.[148] Scherbauer wiederum fühlte sich in seiner Funktion als Aufsichtsratsvorsitzender zurückgesetzt und durch die seiner Ansicht nach mangelnde Beteiligung des Aufsichtsrats an mehreren Entscheidungen des Vorstands übergangen.[149] Ferner glaubte sich der Aufsichtsratsvorsitzende von Edelmann persönlich verleumdet, da dieser ihm das Ausnutzen seiner Position im Aufsichtsrat bei der Leistung von Zahlungen des BWV an den Beamtenkalender unterstellte. Dies interpretierte Scherbauer als Vorwurf der Vorteilsnahme und persönlichen Bereicherung.[150] Da durch diese Auseinandersetzungen der Ablauf der regulären Geschäftsführung behindert wurde, entschloss sich Scherbauer zum Rücktritt. Gleichzeitig erwog er jedoch ein Zivilklageverfahren gegen Edelmann.[151]

Erst durch konsequente Vermittlung der anderen Mitglieder kam eine Lösung zustande: Während der Aufsichtsrat sich auf sachlicher Ebene hinter die Beschwerden seines Vorsitzenden stellte, gelangte man auf der persönlichen Ebene zu einem Ausgleich. Beide Parteien bedauerten die Heftigkeit und die persönlichen Angriffe, woraufhin Scherbauer wieder das Amt des Vorsitzenden übernahm.[152] Die Auseinandersetzung hatte zwei vollständige Sitzungen beansprucht.

Die eher konservative Grundhaltung des zeitgenössischen Beamtentums fand unter anderem auch im Frauenbild der Genossenschaftsleitung Ausdruck. So machte zwar der Vorstand bereits 1928 den Vorschlag, den Aufsichtsrat um ein weibliches Mitglied zu erweitern. Dies lehnten die Mitglieder jedoch mit der Begründung ab, man sei der Meinung, dass Männer in Bezug auf die „Ausstattung von Räumen ebenso im Bilde" seien.[153] Ein gewisses Maß an „Beamtenmentalität" lässt auch die Berechnung des Mehraufwands einer zweimal im Jahr stattfindenden Treppenreinigung und -pflege erkennen. Der Aufwand dafür ließ sich genau berechnen, er belief sich auf zehn bis zwölf Pfennige pro Stufe.[154]

## Die Automobilfrage

Ein weiteres Alltagsthema war die Automobilfrage. Zunehmend setzte sich das Auto als Verkehrsmittel durch. Die Idee zu speziellen Einstellplätzen für die Fahrräder der Mieter war bereits 1928 aufgekommen.[155] Ende der 1930-Jahre legten Aufsichtsrat und Vorstand fest, dass bei der Planung von Neubauten Garagenplätze für Automobile miteinzuplanen seien.[156] Insbesondere im Hinblick auf den „kommenden Volkswagen" ging man davon aus, dass hierfür bald Notwendigkeit bestehen werde.[157] Hier verfing ein Teil der nationalsozialistischen Propaganda. Es herrschte die Erwartung, dass der „Volkswagen" gerade für einzelne Beamte die Möglichkeit bringen würde, sich vergleichsweise kostengünstig einen Wagen leisten zu können. Gleichzeitig bestand die Befürchtung, dass die neuen Stellplätze die Hof- und Spielplätze verdrängen würden.[158]

Ebenso kam es zu Debatten über den Ersatz des bisherigen Dienstwagens. Für den Preis von 1.943 RM kaufte der Vorstand 1938 einen gebrauchten Opel Kadett. Die Beschwerde des Aufsichtsrats, der sich beim Kauf übergangen fühlte, konterte der Vorstand mit der Begründung, ein Dienstwagen sei gerade für die tägliche Arbeit der Geschäftsführung unerlässlich, daher habe in gewisser Weise eine Notsituation geherrscht. Insbesondere der Geschäftsführer selbst müsse in der Lage sein, auch „bei schlechtem Wetter in sauberem Zustande die Wohnungen [der Mieter] betreten [zu] können", was mit einem Motorrad nicht möglich sei.[159] Motorisiert musste die Geschäftsführung auch deshalb sein, weil die Häuser des BWV über ganz München verstreut waren.

Mit der „Machtergreifung" der National-sozialisten 1933 begann in Deutschland eine Diktatur. Rücksichtslos und vehe-ment wurde eine „Gleichschaltung" der Gesellschaft umgesetzt, vereint in dem Kult um „den Führer Adolf Hitler" und der Ausgrenzung von „Feinden des Re-gimes". In der Nähe von München ent-stand bereits im März 1933 das Konzen-trationslager Dachau als Signal für den staatlich organisierten Terror. „Die sind alle der Fahne nachgelaufen, die sind alle durch die Fahne was geworden." So formuliert es das langjähre BWV-Mit-glied Franz Wirth. Er erinnert sich, dass auch vor seinem Wohnhaus in der Che-rubinistraße 2 ein Fahnenmast instal-liert war und bei „Festlichkeiten" eine riesige Hakenkreuzfahne gehisst wur-de.[160] Als Beamte und Angestellte im öf-fentlichen Dienst arbeiteten nun auch die Mitglieder des Beamtenwohnungs-vereins für einen verbrecherischen Staat. Wie sich der Regimewechsel beispielsweise für einen angehenden Juristen anfühlen konnte, schilderte der Publizist Sebastian Haffner, der da-mals 26 Jahre alt war: „Wir Referendare stiegen täglich und sichtbar im Kurs. Der Nationalsozialistische Juristen-bund schrieb uns – auch mir – höchst schmeichelhafte Briefe: Wir seien die Generation, die das neue deutsche Recht aufzubauen habe. [...] Man muß-te ein bisschen vorsichtig mit seinen Gedanken und Worten sein, damit man nicht etwa statt ins Justizministerium aus Versehen ins Konzentrationslager kam. [...] Hochgestimmte Jugend, aber ein bisschen hatten alle einen Kloß im Hals."[161]

Eine Mehrheit der deutschen Beamten begrüßte die neuen Entwick-lungen. Bereits seit der Zeit der Präsi-dialkabinette ab 1930 waren sie an den Abbau der parlamentarischen Kontrol-le ihrer Arbeit und dadurch gleichzeitig an die Stärkung ihrer eigenen Stellung als Verwaltungsexperten gewöhnt.[162] Sehr viele Beamte waren bereits den antidemokratischen und autoritären Regierungen Papen und Schleicher deutlich loyaler gesonnen gewesen als den vorherigen parlamentarischen Regierungen. Diese Loyalität übertru-gen sie auch auf das neue Kabinett, von dem sie eine nationalkonservative Politik erwarteten. Der Systemwechsel von 1933 verursachte innerhalb der Bürokratie dann auch weniger Loyali-tätskonflikte als der Wechsel von der Monarchie zur Republik 1918.[163] Ein Bei-

Zeitschriftensaal. **175**

# Reichsgesetzblatt

## Teil I

| 1933 | Ausgegeben zu Berlin, den 7. April 1933 | Nr. 34 |

**Inhalt:** Gesetz zur Wiederherstellung des Berufsbeamtentums. Vom 7. April 1933...................... S. 175

---

**Gesetz zur Wiederherstellung des Berufsbeamtentums.**
**Vom 7. April 1933.**

Die Reichsregierung hat das folgende Gesetz be-schlossen, das hiermit verkündet wird:

des jeweiligen Grundgehalts der von ihnen zuletzt bekleideten Stelle bewilligt werden; eine Nachver-sicherung nach Maßgabe der reichsgesetzlichen Sozial-versicherung findet nicht statt.

(4) Die Vorschriften der Abf. 2 und 3 finden auf

Das Berufsbeamtengesetz von 1933 diente zur Gleichschaltung des öffentlichen Dienstes.

spiel dafür war Woldemar Anding, der von 1925 bis 1945 im Vorstand des BWV war. Er trat am 1. Mai 1933 in die NSDAP ein und begründete diesen Schritt im Nachhinein so: „Als Staatsbeamter hielt ich mich für verpflichtet in die Staatspartei einzutreten."[164]

## Das Berufsbeamtengesetz

Weil die Verwaltung für die Umsetzung der nationalsozialistischen Ideologie eine so zentrale Rolle spielte, war sie eine der ersten Gruppen, für die neue gesetzliche Regelungen erlassen wurden. Das „Gesetz zur Wiederherstellung des Berufsbeamtentums", kurz Berufsbeamtengesetz (BBG), vom 7. April 1933 markierte einen tiefen Einschnitt in die personelle Struktur. Ziel war die „Wiederherstellung eines nationalen Berufsbeamtentums".[165] Betroffen davon waren alle Beamte (auch bereits im Ruhestand befindliche) von Reich, Ländern, Gemeinden und allen Körperschaften des öffentlichen Rechts.

Nach § 2 des Gesetzes konnten diejenigen aus dem Dienstverhältnis entlassen werden, die seit dem 9. November 1918 ohne die geforderte Vorbildung eingestellt worden waren. § 3 bestimmte die sofortige Versetzung in den Ruhestand für alle Beamten, die „nicht arischer Abstammung" waren.[166] Eine spätere Verordnung dazu legte fest, dass jeder Beamte als „nichtarisch" galt, der mindestens ein „nichtarisches", insbesondere ein jüdisches Großelternteil hatte.[167] Damit war das Berufsbeamtengesetz das erste Rechtsdokument, das einen „Arierparagraphen" enthielt und der darüber hinaus noch engere Grenzen für die „arische" Abstammung zog als die „Nürnberger Gesetze" zwei Jahre später. Ausnahmen gab es für Beamte, die bereits vor dem 1. August 1914 in Dienst getreten waren, im Ersten Weltkrieg an der Front gekämpft oder deren Väter oder Söhne im Krieg gefallen waren.

Nach § 4 führte eine vorherige politische Betätigung, die „nicht Gewähr dafür [bot], daß sie [die Beamten, Anm. d. V.] jederzeit rückhaltlos für den nationalen Staat eintreten" würden, zur Dienstentlassung bei einem reduzierten Ruhegehalt.[168] Auch zur „Vereinfachung der Verwaltung" konnten nach § 6 Stellen gestrichen und die Inhaberinnen und Inhaber in den Ruhestand gezwungen werden – eine Möglichkeit, Beamte, die nach § 3 verschont geblieben waren, dennoch auszuschließen.[169] Alle Entscheidungen im Rahmen des Gesetzes waren unter Ausschluss des Rechtswegs endgültig.

Sebastian Haffner stellte fest, dass sein bereits pensionierter Vater nun häufiger Besuch von ehemaligen Kollegen bekam, „aber die Unterhaltungen waren einförmig und trübe geworden. Mein Vater fragte etwa nach diesem oder jenem Beamten, er nannte die

Namen, und sein Besucher antwortete lakonisch: ‚§ 4‘, oder ‚§ 6‘".[170] Insgesamt waren circa zwei Prozent der Beamtenschaft betroffen.[171] Allerdings waren die Zahlen in bestimmten Bereichen, wie dem höheren Dienst der Innenverwaltung der Länder, höher, dort betraf das Gesetz 9,5 Prozent.[172] Mit dem neuen Beamtengesetz von 1937 wurden dann das „rückhaltlose Eintreten für den nationalen Staat" und die „arische Abstammung" zur Einstellungs- und Beschäftigungsvoraussetzung.[173]

## Gleichschaltung im BWV

Auch die Organisation des BWV war von Anfang an von der Machtübernahme betroffen: einerseits durch die Gleichschaltung im Sinne der nationalsozialistischen Vorstellungen zu neuen Organisationsprinzipien, andererseits durch das Berufsbeamtengesetz. Im Zuge der „erheblichen Neuerungen" im „Jahr der nationalen Wiedergeburt" – wie der BWV den Machtwechsel 1933 rückblickend beschrieb[174] – gestaltete die Genossenschaft ihre Struktur nach den neuen gesetzlichen Bestimmungen um. Der Aufsichtsrat sollte im Sinne der Gleichschaltung neu besetzt werden. Obwohl dabei Mitglieder, „gegen die politische Bedenken im Sinne der nationalen Regierung nicht zu erheben" waren, in ihrer Funktion verbleiben durften und laut offiziellem Geschäftsbericht „auch bei strengster Siebung solche Bedenken nicht erhoben werden" konnten, entschlossen sich Aufsichtsrat und Vorstand dennoch geschlossen zum Rücktritt.[175]

Auf einer außerordentlichen Generalversammlung am 21. Juni 1933 wurde sowohl der neue Aufsichtsrat gewählt als auch das „Führerprinzip" übernommen. Aufgrund dessen wählte die Generalversammlung nun nicht mehr den Vorstand auf drei Jahre. Vielmehr bestimmte der Aufsichtsrat selbst über die Bildung des Vorstands, der zeitlich unbegrenzt amtierte.[176]

Der Vorstand behielt mit Edelmann und Anding zwei seiner drei Mitglieder, lediglich der seit 1921 amtierende Egger trat zurück und wurde durch Franz Wagner ersetzt. Dem Aufsichtsrat hingegen stand der größte Wechsel seit der Gründung der Genossenschaft bevor. Auf der Generalversammlung im April 1933 verließen acht der zwölf Mitglieder den Aufsichtsrat, vier schieden turnusmäßig aus und vier gingen zusätzlich „freiwillig".[177] Von diesen acht gehörten nach der Wahl nur drei wieder dem Aufsichtsrat an. Die übrigen fünf wurden durch neue Mitglieder ersetzt.

Am 21. Juni 1933 fand eine außerordentliche Generalversammlung statt. Hier kam es noch einmal zu personellen Veränderungen im Aufsichtsrat.

Unter den neuen Mitgliedern waren mehrere, die entweder Parteimitglieder waren oder stark mit den neuen Machthabern sympathisierten und dies auch in den Sitzungen von Aufsichtsrat und Vorstand deutlich machten.[178] Ende 1933 war knapp die Hälfte der Aufsichtsratsmitglieder in der NSDAP, die meisten davon waren im Mai des Jahres in die Partei eingetreten.

Letztendlich konnte für 12 von insgesamt 30 zwischen 1932 und 1945

Das Jahr 1933, das Jahr der nationalen Wiedergeburt, ging auch am Beamtenwohnungsverein München e.G.m.b.H. nicht ohne erhebliche Neuerungen vorüber. Das Wesentliche hierüber wurde bereits im Nachtrag zum Jahresbericht 1932 vom 1. August 1933 bekanntgegeben. Seitdem sind Änderungen in der Leitung des Vereins nicht mehr eingetreten.

tätigen Aufsichtsrats- und Vorstands-mitgliedern eine Parteizugehörigkeit anhand der Spruchkammerakten nach-gewiesen werden. In den meisten die-ser Fälle traten die Mitglieder zwischen 1933 und 1937 der Partei bei. Das Auf-sichtsratsmitglied Eckmüller und das Vorstandsmitglied Wagner waren be-reits vor der Machtübernahme in der NSDAP. Franz Wagner war seit 1932 Mit-glied der Partei. Er ersetzte während der Phase der Gleichschaltung des BWV den bis 1937 parteilosen langjährigen Vor-stand Egger. Zusammen mit dem nach wie vor amtierenden Vorstand Anding waren damit nachweislich zwei Mitglie-der des Vorstands Parteimitglieder.[179]

Vom Berufsbeamtengesetz waren auch die Mitglieder des BWV betroffen. Hier stellt sich nun die Frage, ob einige deshalb aus der Genossenschaft aus-scheiden mussten. Zeitgenössische Mitgliederlisten fehlen bedauerlicher-weise. Deshalb kann man nur Rück-schlüsse aus den Veränderungen der Mitgliederzahlen und aus Wohnungs-wechseln ziehen. Der Geschäftsbericht

führte 1933 auf, dass insgesamt 78 Mit-glieder die Genossenschaft im Laufe des Jahres durch Aufkündigung verlassen hätten.[180] Im Vorjahr hatte diese Zahl bei 26 gelegen. Ebenso stieg die Zahl an Wohnungskündigungen im ersten Halbjahr 1933 sprunghaft an. War es im März ein Mieter gewesen, dem ge-kündigt worden war, erhöhte sich diese Zahl im Mai auf acht und im Juni dessel-ben Jahres auf dreizehn Kündigungen.[181] Ein direkter Rückschluss auf den Grund hierfür ist nicht möglich, allerdings legt die zeitliche Nähe zur Veröffentlichung des Berufsbeamtengesetzes im April nahe, dass der BWV den Mitgliedern, die durch das Gesetz ihren Beamtensta-tus verloren hatten, ganz im Sinne der Staatsdoktrin die Wohnungen kündig-te und sie aus der Genossenschaft aus-schloss.

1933 kam es auch zu einem Wechsel in der Geschäftsführung. Der seit 1924 tätige Georg Miller trat von der Stellung zurück. Ihn ersetzte Josef Sippel, der zwischen 1933 und 1945 die Geschäfte führte. Trotz dieser „verdächtigen" Zeit-

„Von der Vorstandschaft wird der Antrag gestellt, den Nutzungsvertrag durch die Einschaltung eines neuen § 2 wie folgt zu ändern: ‚Der Nutznießer erklärt, daß er und seine Ehefrau nicht Juden im Sinne des Reichsbürgergesetzes sind. Er ist sich bewußt, daß der gegenteilige Tatbestand zur Anfechtung dieses Vertrages wegen Irrtums über wesent-liche Eigenschaften einer Person bezw. wegen arglistiger Täuschung berechtigt.'"

spanne scheint der Wechsel nicht aus politischen Gründen erfolgt zu sein. Im Protokoll der gemeinsamen Aufsichtsrats- und Vorstandsitzung wurde ausgeführt, dass Miller beabsichtige, sich selbstständig zu machen.[182] Der Diplomkaufmann Sippel wiederum war zu diesem Zeitpunkt noch nicht Parteimitglied. Er trat erst 1937 der NSDAP bei.[183]

## Gesetzliche Verfolgung von Jüdinnen und Juden

Wie bereits ausgeführt, war das Beamtentum die erste Berufsgruppe, die durch einen „Arierparagraphen" von einer antisemitischen Gesetzgebung betroffen war. Zwei Jahre später beschnitt das „Reichsbürgergesetz" (als Teil der „Nürnberger Gesetze") massiv die bürgerlichen und politischen Rechte von Jüdinnen und Juden. Darüber hinaus legte das Gesetz fest, wer nach der nationalsozialistischen Definition als „jüdisch" galt. Weiteren diskriminierenden Verordnungen und Gesetzen war damit eine Grundlage gegeben. Außerdem ermöglichte es Ermessensspielräume, die von Organisationen im Sinne einer antisemitischen Politik ausgenutzt werden konnten.

So hatte beispielsweise der Hauptverband der gemeinnützigen Wohnungsunternehmen in Berlin noch vor der Veröffentlichung der „Nürnberger Gesetze" festgelegt, in Zukunft Jüdinnen und Juden vom Beitritt auszuschließen. Vor allem neue Mietverträge enthielten nun oft die Bedingung der „arischen Abstammung", während bei bestehenden Mietverhältnissen der Versuch im Vordergrund stand, die als „jüdisch" definierten Bewohnerinnen und Bewohner zum „freiwilligen" Verzicht zu bewegen.[184] Die „Verordnung über die Ausschaltung der Juden aus dem deutschen Wirtschaftsleben" von 1938, die ursprünglich nur für Berufsgenossenschaften gelten sollte, wurde von vielen Baugenossenschaften für den Ausschluss ihrer jüdischen Mitglieder genutzt. Mit der Aufhebung des Mieterschutzes im Folgejahr fiel die letzte gesetzliche Schranke, die jüdische Mieterinnen und Mieter vor der Kündigung geschützt hatte.

Unter dem Begriff der „Arisierung" fasste das Regime den Ausschluss der Jüdinnen und Juden aus dem Wirtschafts- und Berufsleben zusammen. Zunächst sollten „freiwillig" Besitz und Vermögen abgegeben werden – tatsächlich mussten Betroffene meist im Rahmen von Erpressungen ihre Vermögenswerte zu Preisen weit unter dem Marktwert abgeben. Ab 1937/38 waren Jüdinnen und Juden zur Abtretung von Besitz und Vermögen gezwungen.[185] Besonders Immobilien waren – neben Unternehmen und Unternehmensanteilen – die größten Vermögenswerte, die „arisiert" wurden. Zudem verwiesen staatliche und kommunale Stellen unter dem Begriff der „Wohnraumarisierung" auf einen den „Volksgenossen" (von denen Jüdinnen und Juden dezidiert ausgeschlossen wurden) zugutekommenden „sozialpolitischen Aspekt".[186] Tatsächlich konnten Genossenschaften damit ihre finanziellen Interessen durch einen vermeintlichen sozialen Auftrag verschleiern. 1943 schätzte die städtische „Arisierungsstelle" den Wert der enteigneten Grundstücke im Gau München-Oberbayern auf bis zu 70 Millionen RM.[187] Für den BWV konnte keine „Arisierung" von Grund bzw. Immobilien nachgewiesen werden, auch für das einzige zwischen 1933 und 1945 erworbene Baugelände in der Schneckenburgerstraße[188] ergaben die Recherchen keinen Hinweis hierauf.

Inwieweit der BWV von den antisemitischen Maßnahmen des Regimes profitieren konnte oder solche aktiv betrieben hat, ist nach den vorhandenen Quellen nur schwer einzuschätzen. Da Listen über Ab- und Zugang von Mitgliedern nicht vorhanden sind, können Veränderungen nach 1933 nur statistisch, jedoch nicht qualitativ eingeordnet werden. Insgesamt lässt sich feststellen, dass die nationalsozialistische Machtübernahme und die sich damit in der Folge ergebenden politischen und gesellschaftlichen Veränderungen im Tagesgeschäft des BWV kaum eine Rolle spielten. Andererseits sind in den Protokollen und Dokumenten aus dieser Zeit auch keinerlei Akte des Widerstandes zu finden.

1939 setzten Aufsichtsrat und Vorstand die antisemitische Gesetzgebung konkret um. Sie legten fest, dass dem Nutzungsvertrag ein weiterer Paragraph zugefügt werden müsse. Neumieterinnen und Neumieter sollten verpflichtend eidesstattlich versichern, dass sie nicht „Juden im Sinne des Reichsbürgergesetzes" seien. Bei „gegenteilige[m] Tatbestand (!)" sollte der BWV „zur Anfechtung dieses Vertrags wegen Irrtums über wesentliche Eigenschaften einer Person bzw. we-

gen arglistiger Täuschung berechtigt" sein.[189] Obwohl, so der Hinweis während der folgenden Diskussion, Jüdinnen und Juden bereits gesetzlich keine Mitglieder von Genossenschaften mehr sein konnten, entschloss sich der BWV zur Aufnahme der Bedingung in den Nutzungsvertrag. Als in einer der Folgesitzungen die Aufnahme eines ähnlichen Paragraphen in die Satzung anstand, lehnte die Genossenschaftsleitung dies mit der gleichen Begründung ab.[190] Ob hierbei eine Distanz zu den Maßnahmen des Regimes oder das Interesse an der Verhinderung einer (behördlich) umständlichen Satzungsänderung die größere Rolle spielte, muss offenbleiben.

## Staatliche Unterstützung der Baubranche

Die Abschaffung der Arbeitslosigkeit wurde von den nationalsozialistischen Machthabern zu einer der ersten zentralen Aufgaben erklärt. Dieses Wahlversprechen mussten sie unter allen Umständen – wenn auch nur scheinbar – einlösen, um nicht bald einen Großteil ihrer Glaubwürdigkeit einzubüßen. Unter dem Namen „Reinhardt-Pro-

gramm" stellte die Regierung ab Juni 1933 über eine Milliarde RM mit dem Ziel zur Verfügung, damit 800.000 Arbeitsplätze zu schaffen.[191] Bekannteste Maßnahme dürfte der propagandistisch in den Vordergrund gestellte Bau der Reichsautobahnen gewesen sein. Aber auch der Wohnungsbau und die Instandsetzungen erhielten finanzielle Förderungen. Bis zum Februar 1934 wuchs der Sektor um 276 Prozent.[192] Reichsarbeitsminister Franz Seldte verkündete, dass „die Instandsetzung von Wohngebäuden [...] ein besonders wirksames Mittel zur Arbeitsbeschaffung" sei.[193] So erhielten Bauherren, die Instandsetzungsarbeiten durchführten und damit Arbeitsplätze im Bauwesen schufen, staatliche Zuschüsse von 20 Prozent der Gesamtkosten.[194] Zu einer Entspannung der Wohnsituation in Bayern und München konnte dieses Programm nicht beitragen, schließlich wurden durch Instandsetzungsarbeiten keine neuen Wohnungen geschaffen. Trotz der propagandistischen Versprechungen sanken die Investitionen des Reichs in den Wohnungsbau, die in der Weimarer Zeit jährlich bei im Schnitt einer Milliarde RM gelegen hatten, zwischen 1933 und 1939 auf ein Mittel von 222 Millionen.[195] Dies war

nicht annähernd genug für die notwendigen Maßnahmen.

Nichtsdestotrotz profitierte der BWV vom Finanzpaket der Regierung. Ein Fünftel der Kosten für die notwendigen Instandsetzungen wurde übernommen. Außerdem diskutierten Aufsichtsrat und Vorstand in einer gemeinsamen Sitzung am 16. Oktober 1933 die Möglichkeit, daneben noch einen staatlichen Zinszuschuss von vier Prozent auf sechs Jahre zu erhalten.[196] Mit dem Arbeitsbeschaffungsprogramm für den Winter 1933/34 begann die Genossenschaft mit größeren Instandsetzungen. 68.000 RM wurden aufgewendet – im Vorjahr waren es 30.000 RM – von denen knapp 10.000 RM als Zuschuss des Reichs kamen.[197] In den Folgejahren nahm die Genossenschaft größere Instandsetzungen in Angriff, ab 1937 auch zunehmend Schönheitsreparaturen.[198]

## Bautätigkeit in der Mangelwirtschaft

1935 begann der BWV mit drei Neubauten in der Rossinistraße, die mit 30 Zweizimmerwohnungen dem Bedarf der Mitglieder ebenso wie den staatlichen Forderungen entsprachen.[199] Im

Juni 1938 konnte für vier weitere Häuser mit 40 Wohnungen in der Ansprengerstraße der Grundstein gelegt werden.[200] Ursprünglich war der Baubeginn für Frühjahr 1938 geplant gewesen. Bezugsfertig sollten die Wohnungen im Herbst sein. Tatsächlich verschob sich der Termin bis ins nächste Jahr. Grund hierfür waren die mittlerweile herrschenden Schwierigkeiten bei der Materialbeschaffung. Insbesondere Holz, Eisen und Zement fehlten.[201] Auch Arbeitskräfte wurden in der unmittelbaren Vorkriegszeit bereits knapp. Die Häuser in der Rossinistraße waren die letzten fertiggestellten Bauten des BWV vor Kriegsbeginn.

Für das Folgejahr stand jedoch der Abbruch von zwei der drei Häuser des BWV in der Hochstraße bevor (Nummer 54 und 56) – daher drängte die Zeit. Im Rahmen der nationalsozialistischen Neuplanung der „Hauptstadt der Bewegung" plante die Reichsbahn im Zuge der Verlegung des Hauptbahnhofes auch die Zugstrecke zum Ost-

bahnhof deutlich zu verbreitern. Die BWV-Häuser sollten den neuen Gleisen weichen.[202] Es kam zu langen Verhandlungen über den Verkauf mit der Reichsbahn. Ersatzbauten für diese Gebäude waren nach gemeinsamer Überzeugung von Aufsichtsrat und Vorstand dringend nötig, da bereits 712 Wohnungsbewerbungen vorlägen und auch die durch den Verkauf und Abbruch wohnungslosen Mieter der Hochstraße eine neue Unterkunft benötigten.[203]

Letztendlich verschob die Reichsbahnbaudirektion im Dezember 1939 den ins Auge gefassten Abbruch auf unbestimmte Zeit.[204] Die beiden Häuser mit den Nummern 54 und 56 stehen noch heute, gingen aber nicht mehr in den Besitz des BWV zurück. Das dritte Haus der Anlage, die Hochstraße 52, gehört bis heute der Genossenschaft. Da die Hochstraße umnummeriert wurde, hat das Haus heute die Nummer 81.

Das Bauprogramm von 1939, das mit acht Häusern zu je zehn Wohnungen Abhilfe schaffen sollte, konnte aus Mangel an Baumaterial und Facharbeitern nicht mehr begonnen werden. Dieser Mangel war bedingt durch die zunehmende Umstellung der deutschen Wirtschaft auf Aufrüstung und Kriegsvorbereitung, zulasten der zivilen Industriezweige. Ab spätestens 1938 machten sich der zunehmende Baustoffmangel und das Fehlen von Facharbeitern bemerkbar. Der BWV war nicht mehr in der Lage, die dringend benötigten Neubauten, die mittlerweile zumindest theoretisch finanziert werden konnten, zu beginnen. Die Knappheit führte auch dazu, dass Instandsetzungen und Ausbauten an bereits bestehenden Gebäuden eingeschränkt werden mussten.

Zunehmend machten sich die Kriegsvorbereitungen für die Genossenschaft auch unter dem Aspekt der Luftschutzvorbereitungen bemerkbar. Seit 1933 existierte der Reichsluftschutzbund (RLB), der unter anderem für die Ausbildung freiwilliger Luftschutzwarte in Blöcken und Einzelhäusern verantwortlich war.[205] Fünf Mitglieder von Aufsichtsrat und Vorstand waren laut ihrer Spruchkammerakten Mitglieder im RLB, drei von ihnen Hauswarte.[206] Seit 1935 wurden Maßnahmen zum Luftschutz bei den Neubauten mit eingeplant, beispielsweise durch Verbindungstüren zwischen den einzelnen Häusern oder durch Verstärkung der Treppenhausdecken.[207] Drei Jahre später sollte jeder Neubau standardmäßig einen Schutzkeller mit Gasschleuse erhalten.[208] Bis in den Krieg hinein wurden allerdings hauptsächlich behelfsmäßige Maßnahmen umgesetzt, wie die Aufstellung von Löschsandbehältern auf den Speichern oder Verdunklungs- und Abblendvorrichtungen in den Treppenhäusern.

## Baustopp mit Kriegsbeginn

Mit Kriegsbeginn 1939 endete die erste Phase der großen Bauprojekte des BWV. Dabei war der Bedarf an Neubauwohnungen auch weiterhin vorhanden und während des Krieges wurden größere Bauprogramme entworfen (siehe Kapitel 3) – etwa für die verbliebenen knapp 16.000 Quadratmeter Baugrund.[209] Aber der Mangel an Baustoffen, Finanzmitteln und Facharbeitern sowie das im Februar 1940 ausgesprochene Verbot zum Neubau von Wohnungen[210] machten die Umsetzung unmöglich. Bis Ende des Jahres 1939 hatte sich der Bestand der Genossenschaft auf insgesamt 87 Häuser mit 865 Wohnungen, sieben Läden und einer Geschäftsstelle vergrößert, davon waren rund 85 Prozent Kleinwohnungen.[211] Die vermehrten Luftschutzbemühungen der Vorjahre ließen jedoch bereits erahnen, inwieweit die Bauprojekte der letzten Jahre durch einen kommenden Krieg gefährdet sein würden.

## Die Wohnanlage zwischen Schneckenburgerstraße, Prinzregentenstraße, Versailler Straße und Grillparzerstraße

Im Jahr 1924 – dem Beginn der großen Bauprojekte des BWV – erwarb die Genossenschaft auch Bauland an der Prinzregentenstraße/Versailler Straße/ Schneckenburgerstraße in Haidhausen. Insgesamt waren das 43.318 Quadratfuß – das entspricht etwa 3.680 Quadratmetern – zu einem Preis von 76.250 RM.

Im selben Jahr ließ der BWV dort vier Häuser in der (heutigen) Prinzregentenstraße 100, Versailler Straße 21 und Schneckenburgerstraße 39 und 41 bauen. Für dieses Bauprojekt war Eugen Dreisch als Architekt verantwortlich. Der 1882 in Würzburg geborene Architekt war in München vor allem im Wohnungsbau tätig. Unter anderem war er an der sogenannten Flachsiedlung Neuharlaching beteiligt. Er starb im Jahr 1954.

Über die Baustellenauflagen ist bekannt, dass die Fundierungen aus „Eisenbeton" bestehen mussten, was Mehrkosten verursachte. Wahrscheinlich war man sich schon damals darüber im Klaren, dass die Beschaffenheit der Böden problematisch sein könnte. Im Laufe des Jahres 1925 wurden die ersten Wohnungen der Anlage bezogen. 1926 entstanden weitere zwei Häuser – Schneckenburgerstraße 33 und 35 – ebenfalls geplant von Eugen Dreisch. Ein Jahr später kamen die Häuser in der Prinzregentenstraße 96 und 98 hinzu sowie die Schneckenburgerstraße 37. Im darauffolgenden Jahr entstanden weitere drei Häuser und 1928 war die Bebauung dieses Bauplatzes mit der Prinzregentenstraße 92 und 94 und der Schneckenburgerstraße 37 a abgeschlossen.

Bei Bombenangriffen während des Zweiten Weltkriegs wurden 19 Wohnungen in der Schneckenburgerstraße 37 und 41 zerstört. Damit wies diese Anlage des BWV die heftigsten Kriegsschäden auf. In der Schrift zum 40-jährigen Jubiläum heißt es: „Die Beseitigung von Kriegsschäden an Fassaden, Dächern, Fenstern, Türen, Inneneinrichtungen, an Versorgungsanlagen und -leitungen erstreckte sich mehrere Jahre hindurch und erforderte erhebliche Geldmittel. Sie dürfen 1960 als abgeschlossen gelten." Im Geschäftsbericht desselben Jahres taucht die Wohnanlage in der Schneckenburger-, Versailler und Prinzregentenstraße unter dem Posten „Instandhaltungen" auf: Die Kamine mussten dringend repariert werden.

Im Jahr 2000 erkannte der BWV, dass das Haus in der Schneckenburgerstraße 37 zu einem Problem wurde: „Stellen Sie sich eine Wohnanlage vor und ein Haus dazwischen sackt ab. Zwischen den Zimmerecken war eine Differenz von 12 cm." Mit diesen Worten beschrieb der damalige Aufsichtsratsvorsitzende Herbert Maier die Situation. Der Baugrund war vor dem Erwerb durch den BWV einmal eine Lehmgrube gewesen. Sie war nur mit Holz und Abfall aufgefüllt worden, weswegen der Boden sich im Laufe der Zeit abgesenkt hatte. Zunächst hoffte die Genossenschaft, dass die „Abfangung des Gebäudes, Beseitigung der Setzrisse" und „Wohnungsinstandsetzungen" das Haus retten könnten. Bald jedoch wurde klar, dass nur ein Abriss mit anschließendem Neubau sinnvoll war.

In enger Absprache mit dem Denkmalschutz wurde das Wohnhaus 2002 abgerissen. Die Untersuchung des Bodens ergab eine Belastung durch Schadstoffe, die aufwendige Entsorgungsmaßnahmen erforderte. Um die Tragfähigkeit des Fundamentes zu sichern und die Nachbarhäuser zu stabilisieren, wurden Bohrpfähle bis in 16 Meter Tiefe versenkt. Zum 1. Dezember 2004 konnten die nunmehr 12 Wohnungen bezogen werden. Neuer Wohnraum im Dachgeschoss und hofseitige Balkone vergrößerten die Wohnfläche, ein eingebauter Lift erleichterte den Zugang. Über dem Eingang gestaltete der Bildhauer Jörg Kausch ein Relief, das sich mit dem patriotischen Namensgeber der Straße, Max Schneckenburger, kritisch auseinandersetzt. Zudem nutzte der BWV den Neubau zum Einbau einer zweigeschossigen Tiefgarage mit 69 Stellplätzen im offenen Hofbereich. Auch der Hof wurde neu gestaltet.

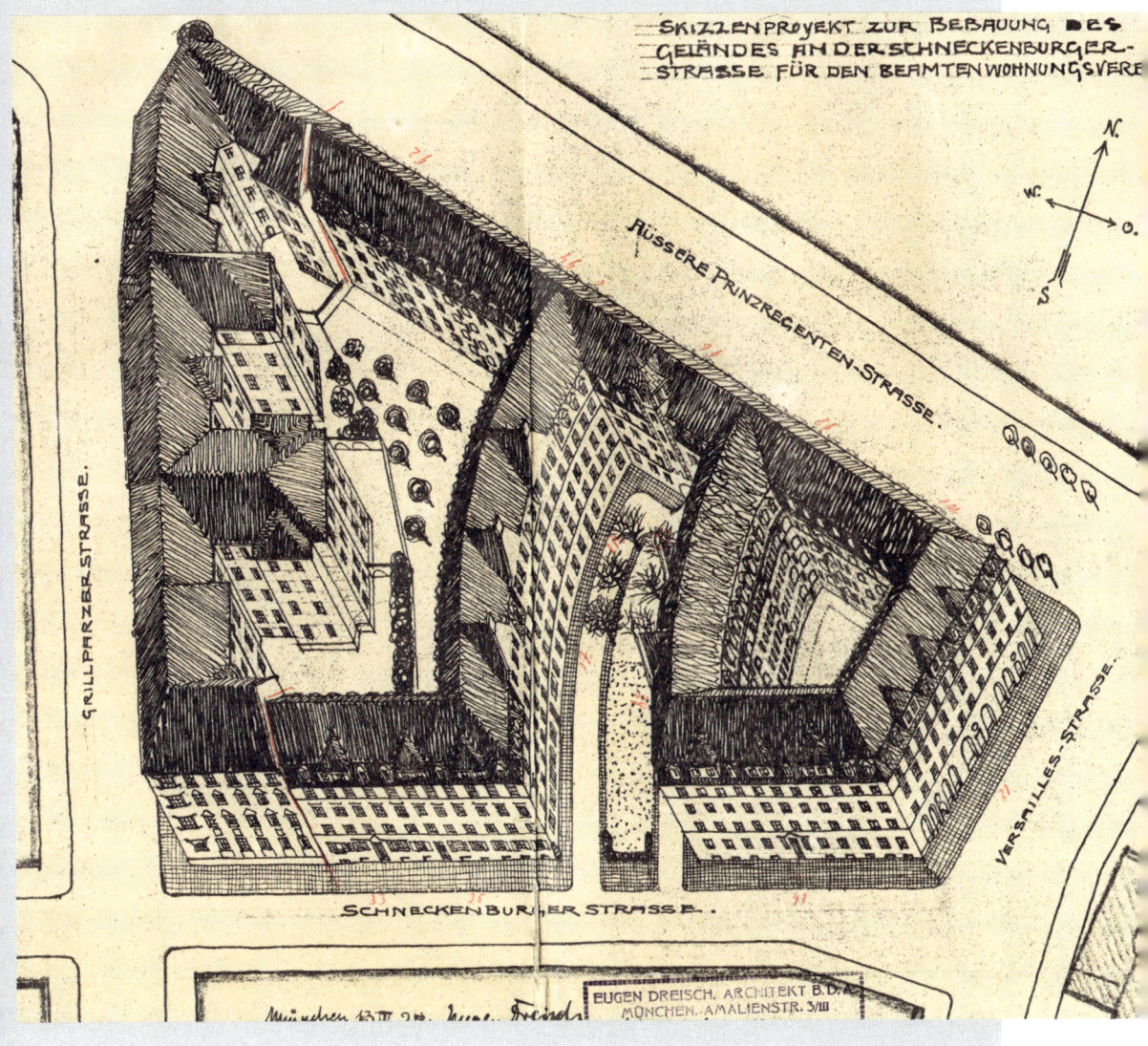

Die Planansicht von 1927 für den Haidhäuser Gebäudekomplex von Architekt Eugen Dreisch.

Foto eines zeitgenössischen Modells der Anlage in Haidhausen.

Unten rechts: Im Jahr 2002 musste die Hausnummer 37 noch einmal abgerissen und neugebaut werden.

Unten links: Die Schneckenburgerstraße 37 wurde im Krieg vollkommen zerstört.

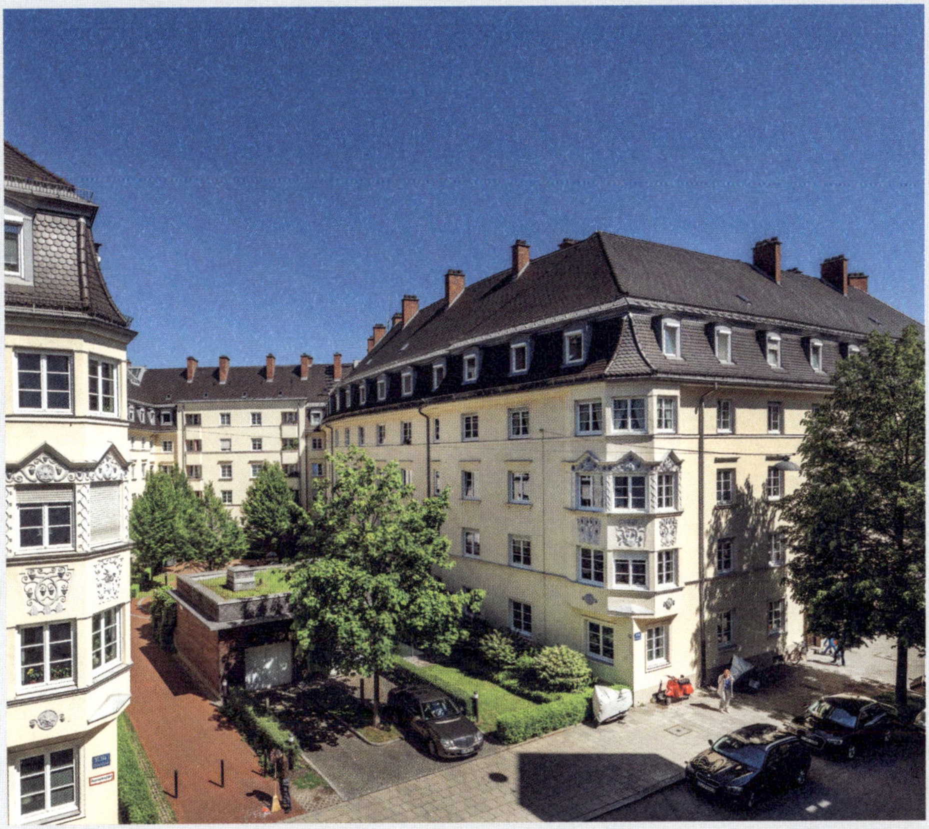

Die Anlage in der Schneckenburger-straße im Jahr 2020.

Die Hofgestaltung passend zum Straßennamen.

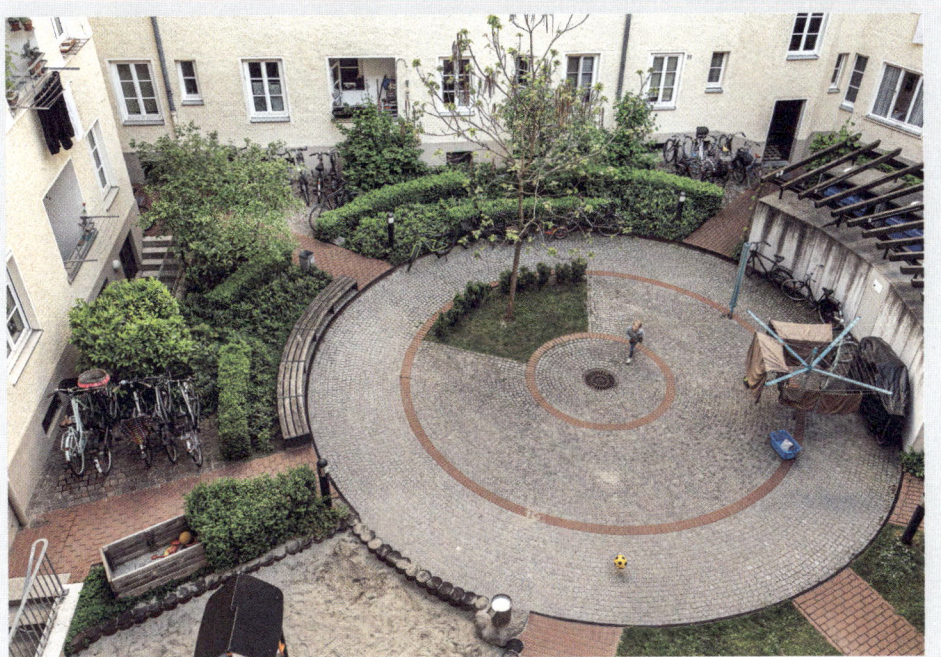

Innenhof der Anlage an der Appenzeller Straße 63–81, gebaut 1962.

**3**

Krieg, Wiederaufbau und neue
Wohnanlagen in der zweiten Bauphase
*(1939 – 1971)*

Nur drei Tage nach dem Überfall der deutschen Wehrmacht auf Polen trat am 4. September 1939 die „Kriegswirtschaftsverordnung" in Kraft. Damit wurde die bereits bestehende Mangelwirtschaft nun noch rigider als in den Vorkriegsjahren staatlich verwaltet. Für den Großteil der Bevölkerung bedeutete dies die Rückkehr der noch aus dem Ersten Weltkrieg bekannten Lebensmittelmarken. Der zivilen Bauwirtschaft, vor allem dem Wohnungsbau, verwehrte das „Verbot aller nicht kriegswichtigen Neubauten" vom 15. November den Zugang zu Ressourcen wie Holz, Eisen und Zement.[212] Der Staat schob damit nicht nur dem Neubau von Wohnungen einen Riegel vor, auch die Fertigstellung bereits gebauter Projekte verzögerte sich. Zudem fehlten Facharbeiter am Bau, bedingt durch Wehrdienst und Rüstungsproduktion. Dabei blieb die Wohnungsnot auch weiterhin ein drängendes Problem.

Auch der BWV konnte keine Neubauprogramme mehr realisieren. Dabei wäre die Schaffung neuen Wohnraums dringend notwendig gewesen: Neben dem allgemeinen Wohnungsmangel hatte die Genossenschaft zwei Häuser in der Hochstraße an die Reichsbahn abgeben müssen (siehe Kapitel 2).

Nach Kriegsbeginn wurde auch der Unterhalt der Häuser schwieriger. Instandsetzungsarbeiten waren den gleichen Einschränkungen wie die Neubauten unterworfen. Besonders das Heizen machte dem BWV Sorgen. Traditionell wurde mit Kohle geheizt; doch im September 1939 stand die Befürchtung im Raum, dass die Versorgung mit Kohle kriegsbedingt nicht mehr gewährleistet werden könnte. Aufsichtsrat und Vorstand versuchten, durch Vorsorgekäufe die Situation abzuwenden. Doch die Lieferantinnen und Lieferanten lehnten dies als unzulässig ab.[213] Daraufhin schlug der Vorstand vor, in der Hausordnung das Öffnen von Fenstern zu bestimmten (kalten) Zeiten zu verbieten, um Heizkosten zu sparen. Der Aufsichtsrat stimmte dem Vorschlag aber nicht zu.[214]

## „Verschmelzungen"

Nicht nur die Mangelwirtschaft und die zum Wehrdienst eingezogenen Arbeitskräfte erschwerten die Situation, auch der große wohnungspolitische Rahmen veränderte sich. Die nationalsozialistische Führung plante, die verhältnismäßig kleinteilige Wohnungswirtschaft zu zentralisieren. Durch das am 20. Februar 1940 erlassene „Wohnungsgemeinnützigkeitsgesetz" (WGG) rückte die „Verschmelzung" von nicht mehr leistungsfähigen Baugenossenschaften in den Fokus.[215] Ziel war es, wirtschaftlich schwache Genossenschaften durch Zusammenlegung rentabel zu machen.

Darüber hinaus war das politische Ziel, eine stärker zentralisierte Wohnungswirtschaft von Staats- und Parteiseite her einfacher kontrollieren zu können. Die Verschmelzungen sollten, so der Verband Bayerischer Wohnungsunternehmen, circa die Hälfte aller bayerischen Baugenossenschaften umfassen. Zur Jahreswende 1940/41 beschäftigte sich die Genossenschaftsführung mit dieser Frage. Der Vorstand präsentierte zunächst zwei Baugenossenschaften als infrage kommende Kandidaten. Die Mittelstandsbaugenossenschaft Pasing mit 18 Mitgliedern und 2 Häusern zu 12 Vier- bis Fünfzimmerwohnungen befand man in gemeinsamer Diskussion als gute Ergänzung für den Bestand des BWV.[216] Bis zum 30. September 1941 fand die Zusammenlegung statt.

Bei der zweiten an den BWV herangetretenen Genossenschaft, dem Beamtenwohnungsverein Dachau, der mit 37 Mitgliedern und 9 Häusern zu 18 Wohnungen etwas größer war, war sich das Gremium nicht einig. Während der Vorstand die Aufnahme befürwortete, war der Aufsichtsrat gegen die Erweiterung außerhalb Münchens. Die Entscheidung zögerte sich noch zwei Jahre hinaus. Letztendlich kam die Entscheidung, Dachau bis zum 10. März 1943 doch noch einzugliedern, zu spät, da der dortige Beamtenwohnungsverein bereits seine Selbstauflösung beschlossen hatte.[217]

Auch der Antrag der Heimstättengenossenschaft Pasing fand keinen Fürspruch. 1942 jedoch ging mit der Baugenossenschaft Haar eine zweite Vereinigung im BWV auf, die – laut Aussage des Vorstands – von ihrer Struktur gut einzugliedern war und ebenfalls als solide Ergänzung betrachtet wurde, zumal die Eingemeindung erwartbar war.[218] Haar brachte 14 Häuser mit 44 Wohnungen sowie ein unbebautes Grundstück in die Genossenschaft mit.[219]

Die militärischen Erfolge der ersten beiden Kriegsjahre hatten auch Auswirkungen auf den Wohnungsbau. Insbesondere der Westfeldzug war ein Impulsgeber für neue Bauprojekte und -planungen innerhalb der Baugenossenschaften.[220] Den baldigen Sieg der Wehrmacht im Blick besprachen sich im September 1940 Aufsichtsrat und Vorstand. Im Rahmen eines Sofortbauprogramms sollten 21 Häuser mit insgesamt 173 Wohnungen sofort nach dem baldigen Kriegsende entstehen.[221] Hierfür sah der BWV eine Gesamtsumme von mehr als 2,6 Millionen RM vor.[222] Die weiteren Planungen sahen insgesamt 1.500 Wohnungen vor.[223] Die Dringlichkeit der Maßnahmen ergab sich für die Genossenschaft aus dem Hinweis auf den vor kurzem erfolgten „Erlaß des Führers zur Vorbereitung des Wohnungsbaus nach dem Kriege".[224] Im November 1940 war die Planung für 80 neue Wohnungen in der Haidhausener Schneckenburger-, Versailler, Grillparzer- und Hackländerstraße abgeschlossen. Nach einhelliger Meinung von Aufsichtsrat und Vorstand war auch die Finanzierung gesichert. Was weitere Bauprogramme anging, waren sich beide Organe uneinig. Der Vorstand wollte auch hierfür die

Pläne bereits ausarbeiten lassen. Die Mitglieder des Aufsichtsrats waren jedoch der Meinung, der Genossenschaft durch zu frühe Planungen – die zum Baubeginn dann eventuell nicht mehr aktuell sein würden – hohe und unnötige Kosten zu verursachen.[225] Letztendlich konnte auch das Bauprogramm in Haidhausen während des Krieges nicht umgesetzt werden. Erst in den 1950er-Jahren errichtete der BWV dort die neuen Gebäude.

## Bombenkrieg

Seit Anfang des Jahres 1940 befand sich Geschäftsführer Sippel im Kriegsdienst.[226] Im Folgejahr wurden mit den Herren Baier, Eckmüller, Harrer, Lechner und Winter fünf Mitglieder des Aufsichtsrats eingezogen, bzw. waren durch ihre Stellung als Wehrmachtsbeamte nicht mehr in der Lage, ihre Aufsichtsratspflichten zu erfüllen.[227] Außerdem hatten trotz der Wohnungsnot alle Bauplanungen hinter die Bedürfnisse der Wehrmacht zurückzutreten.[228] Die gravierendsten Auswirkungen hatte jedoch der ab 1942 zunehmende Luftkrieg. Nach dem ersten schweren Angriff auf die Stadt am 19. September 1942 beschloss der BWV die Entfernung von Lattenverschlägen und die Abdeckung der Holzböden auf den Speichern.[229] Aufsichtsrat und Vorstand erwogen auch die Auskleidung der Speicherböden mit einer Betonschicht, sofern Material und Facharbeiter hierfür beschafft werden könnten.

Bis Ende des ersten Quartals 1943 waren die Häuser in der Schneckenburgerstraße, der äußeren Prinzregentenstraße, der Grillparzerstraße, der Hackländerstraße und der Implerstraße von Fliegerschäden betroffen. Die meisten davon konnten behoben werden.[230]

Im selben Jahr wurde die Schneckenburgerstraße 41 durch Bomben zerstört, der erste Totalschaden durch die „Terrorangriffe" – wie es im damaligen Sprachgebrauch hieß – beim BWV.[231]

## Ein Zeitzeuge berichtet

Zeuge eines der Luftangriffe im Sommer 1944 war der damals in der Cherubinistraße 2 lebende Franz Wirth (*1932).[232] Die Familie Wirth hatte bereits zuvor bei einem Angriff ihre Wohnung in der Nymphenburger Straße verloren. Der Vater, Diplomingenieur bei der Luftwaffe, kam daraufhin als Wehrmachtsangehöriger in einer Wohnung des BWV unter. Üblicherweise wohnte Franz Wirth zu diesem Zeitpunkt im Internat der Regensburger Domspatzen. In dieser Nacht war er allerdings zu Hause auf Besuch: Sobald die Luftschutzsirene einsetzte, eilte die Familie in den „Luftschutzkeller", der nichts anderes war als der mit einigen Brandschutztüren und einem Notdurchbruch zum Nachbarhaus versehene Lagerkeller der Vorkriegszeit. Einem Volltreffer hätte er sicher nicht standgehalten. Zusammen mit einigen Betonklötzen vor den Kellerfenstern, die den Luftdruck und ein mögliches Feuer von den Kellerräumen fernhalten sollten, bildete dies im Ernstfall den einzigen Schutz der Hausbewohnerinnen und -bewohner vor dem fallenden Bombenteppich.

Mittlerweile hatten sich alle Hausangehörigen dorthin in Sicherheit gebracht und warteten. Hellhörig, wie das Gebäude war, konnte man bereits früh die anfliegenden Bombergeschwader ausmachen. Immer lauter wurde das Dröhnen. Dann plötzlich die ersten Einschläge. Das Gebäude erzitterte. Auch durch die mittleweile kniende Versammlung ging ein Zittern. Wirth, so erinnert er sich heute, hatte das Gefühl, Zeuge einer „Geisterbeschwörung" zu sein. Gleichzeitig bestand die Hoffnung, auch diesmal wieder davonzukommen. Die vorherigen Angriffe hatte die Cherubinistraße 2 unbeschadet überstanden. Die Bombenketten waren zwar in der Umgebung eingeschlagen, allerdings stets einen Straßenzug entfernt. Auf einmal gab es zur Hofseite hin eine ohrenbetäubende Explosion, die das Haus in seinen Grundmauern erschütterte. Diesmal hatten die Bewohnerinnen und Bewohner noch wesentlich größeres Glück gehabt, wie sich am nächsten Tag herausstellte. Eine Bombe, vermutlich eine 250 Kilogramm schwere Sprengbombe, war im Hof explodiert. Wäre sie vertikal gefallen, dann wäre sie unmittelbar vor den Kellerfenstern aufgekommen. Das hätte wohl den Tod für alle bedeutet, die sich dorthin geflüchtet hatten. Allerdings musste die Bombe während ihres Falls am Dach der Cherubinistraße abgeglitten sein. So landete sie nahe der Hofmitte, wie der Krater neben den Mülltonnen be-

zeugte. Die Tonnen selber hatte die Detonation über das Dach des Nachbarhauses geschleudert. Die Fassade des hofseitigen Nachbarhauses, die Clemensstraße 40, trug schwere Schäden davon. Die vormals angebrachten Balkone waren wie abrasiert. Die Genossenschaftsmitglieder in der Cherubinistraße waren noch einmal mit dem Schrecken davongekommen.

## Die ersten Nachkriegsmonate

Am 30. April 1945 endete mit dem amerikanischen Einmarsch der Krieg für München. Die „Hauptstadt der Bewegung" hatte nun mit etwa fünf Millionen Kubikmetern Schutt zu kämpfen.[233] Der BWV verzeichnete Schäden in Höhe von annähernd 1,25 Millionen RM und damit von etwa zehn Prozent des Bilanzwertes.[234] Von den insgesamt 98 Häusern und 904 Wohnungen waren 11 Häuser bzw. 72 Wohnungen vollkommen zerstört. Weitere 42 Häuser mit 174 Wohnungen waren in verschiedenen Graden von unbewohnbar bis nur leicht beschädigt betroffen.[235]

Links: Bis heute erhalten: Holzträger im Luftschutzraum im Keller.

Rechts: Gasschleuse im Luftschutzkeller.

Erste Ausbesserungen, die die betroffenen Wohnungen so schnell wie möglich wieder in einen bewohnbaren Zustand versetzen sollten, fanden bald statt. Aufsichtsrat und Vorstand beschlossen, dass hierfür in den jeweiligen Häusern kleine Werkstätten und Baustofflager eingerichtet werden sollten, die dezentral die ersten dringenden Instandsetzungen ausführen sollten.[236] Bereits in der Sammelbilanz für die Jahre 1942 bis 1945 konnte der BWV am 14. Juni 1946 verkünden, dass 43 Wohnungen, darunter 8 schwerbeschädigte, wieder instandgesetzt worden waren.[237] Dies war vor allem auf die trotz allem noch solide Finanzlage der Genossenschaft zurückzuführen. Gleichzeitig hatte die alliierte Militärregierung jedoch 45 Wohnungen beschlagnahmt. Der sich daraus ergebende Wohnungsdruck für die Mitglieder ließ sich teilweise durch Umquartierungen entschärfen, teilweise durch das Freimachen von „10 politische[n] Wohnungen" durch die Genossenschaft selbst.[238] Hinter dieser Formulierung stehen wohl die Auswirkungen, die mit Entnazifizierungsbemühungen der Besatzungsmächte einhergingen.

## Entnazifizierung

Nachdem die NS-Bewegung in den zwölf Jahren ihrer Regierung sämtliche Bereiche des öffentlichen Lebens, der Politik, Wirtschaft, Kultur und Verwaltung durchsetzt hatte, sahen sich die Alliierten zu einer grundsätzlichen Entnazifizierungspolitik gezwungen. Besonders im amerikanisch besetzten Bayern ging man zunächst äußerst methodisch und bürokratisch an diese Aufgabe heran. Nicht nur Hauptschuldige sollten Rechenschaft über ihre Verstrickung ablegen, auch alle Mitglieder der NSDAP und sonstiger NS-Organisationen hatten sich zu verantworten. Das am 5. März 1946 in Kraft getretene „Gesetz zur Befreiung von Nationalismus und Militarismus" legte mit den darin bestimmten sogenannten „Spruchkammerverfahren" die Grundlage dafür. Auf der Basis von Fragebögen entschied eine ehrenamtliche Jury aus unbelasteten Deutschen über die jeweilige Schuld der oder des Betroffenen. Die Einteilung in die ersten drei der fünf Kategorien „Hauptschuldige", „Belastete", „Minderbelastete", „Mitläufer" und „Entlastete" konnte schwere Konsequenzen haben.[239] Neben der Einweisung in Arbeitslager zielten die Strafen auch auf die wirtschaftliche Existenz ab. Der Verlust des Arbeitsplatzes, die Einziehung des Vermögens und der Verlust der Renten- und Pensionsberechtigung trafen viele hart. Auch Beamte standen oftmals am Rand ihrer Existenzmöglichkeit. Nicht nur deshalb waren die meisten bemüht, ihre eigene Rolle durch möglichst viele Zeugnisse in einem positiven Licht darzustellen.

Für den BWV bedeutete das Gesetz einen erneuten Eingriff in die Zusammensetzung von Aufsichtsrat und Vorstand. Am 30. November 1945 hatte der Verband bayerischer Wohnungsunternehmen für den BWV kommissarisch sowohl einen neuen Aufsichtsrat als auch einen neuen Vorstand bestimmt.[240] Otto Edelmann verblieb im Vorstand, an seine Seite bekam er zwei neue Vorstände: den städtischen Direktor Anton Weiß und den Architekten Hanns Goetz, der darüber hinaus den Posten des Geschäftsführers einnahm. Im neuen Aufsichtsrat verblieb bis auf Amtmann Hans Lechner keines der bisherigen Mitglieder. Beide Gremien waren noch vor der kommissarischen Bestellung „freiwillig" zurückgetreten.[241] Anstelle der bisherigen Aufsichtsräte waren, neben Lechner, zehn neue hinzugekommen.

Diejenigen aus Aufsichtsrat und Vorstand, die Parteimitglieder der NSDAP waren, mussten sich vor der Spruchkammer verantworten. Für zwölf Mitglieder liegen Spruchkammerakten vor. Von diesen zwölf verstarben zwei vor dem Ende ihres Verfahrens. Zwei weitere wurden im Rahmen der von den amerikanischen Behörden im Februar 1947 erlassenen Amnestie begnadigt. Da diese nur für Betroffene galt, die nicht in Gruppe I bis III eingestuft worden waren, können sie als „Mitläufer" der Gruppe IV gelten. Die acht übrigen bekamen nach Ende ihres Verfahrens die Einstufung als „Mitläufer", Vorstandsmitglied Wagner nach einer Wiederaufnahme sogar die Einstufung als „Entlasteter".[242] Viele von ihnen waren ursprünglich in Gruppe II oder III eingestuft worden. Diese faktischen Freisprüche waren durchaus üblich. Über Entlastungszeugnisse und Berufungen wurde schlussendlich die Mehrheit aller Angeklagten der Spruchkammerverfahren als „Mitläufer" eingestuft.

## Zurück in den Alltag

In der ersten Generalversammlung nach dem Krieg am 14. Juni 1946 wählten die Mitglieder des BWV sowohl den kommissarischen Aufsichtsrat wie auch den Vorstand wieder ordentlich. Die seit 1933 gültige Praxis, also die Wahl des Vorstands durch den Aufsichtsrat, schaffte die Versammlung ab. Sie galt als Überbleibsel der „nazistische[n] Rechtsfassung"[243]. In Zukunft sollten die Mitglieder auch den Vorstand wieder auf drei Jahre wählen. Auch konnten die Sitzungsleiter den versammelten Mitgliedern die ersten Erfolge beim Wiederaufbau verkünden. Der akute Mangel an Baumaterialien in der unmittelbaren Nachkriegszeit hatte den Wiederaufbau der total zerstörten Gebäude verzögert.

Erst mit der Währungsumstellung vom 21. Juni 1948 änderte sich das. Die neue „Deutsche Mark" gewann nicht nur rasch das Vertrauen der Deutschen – ein Teil ihres Mythos lag darin begründet, dass quasi über Nacht die Konsumentinnen und Konsumenten in den Auslagen der Geschäfte lang vermisste Waren vorfanden. Gleich-

zeitig wurden 90 Prozent aller staatlichen Wirtschaftskontrollen und Preisbindungen aufgehoben.[244] Eine Phase raschen wirtschaftlichen Wachstums begann. Das „Wirtschaftswunder" gehört wie die Währungsreform heute zu den Gründungsmythen der Bundesrepublik.

Ende der 1940er-, Anfang der 1950er-Jahre begann ein nie dagewesener Bauboom in Westdeutschland. Baumaterialien waren nun wieder vorhanden, Arbeitskräfte standen zur Verfügung – neben Kriegsheimkehrenden sowie Arbeiterinnen und Arbeiter, die durch die Umstellung von Kriegs- auf Zivilproduktion zurückkehrten, drängten auch Geflüchtete aus den Ostgebieten auf den Arbeitsmarkt. Die heimkehrenden Soldaten, die nun eigene Familien und Hausstände gründeten, und die Vertriebenen waren neben der Zerstörung durch den Krieg auch Gründe für die ansteigende Nachfrage nach Wohnraum. Der Staat förderte die Bauwirtschaft großzügig über diverse Bauprogramme.

Aufgrund dieser Lage hatte der BWV Möglichkeiten zu handeln. Unter der Leitung des geschäftsführenden Vorstands und Architekten Hanns Goetz begann die Genossenschaft nun mit dem Wiederaufbau der vollständig zerstörten Häuser. Bereits zur Wende 1947/48 waren die ersten Wohnungen in der Schneckenburgerstraße 37 wieder bezugsfertig.[245] Hier hatte die Genossenschaft den schnellen Wiederaufbau durch eine Kooperation mit dem evangelischen Landeskirchenamt erreicht. Das Amt erhielt dafür das Belegrecht für diese ersten fünf fertigen Wohnungen. Die letzten drei Wohnungen in dem Haus konnte der BWV allerdings erst am 1. September 1950 zum Wiederbezug freigeben.

Ähnlich zeitlich gestaffelt gestaltete sich der Wiederaufbau der Einzelhäuser in der Flemingstraße 18 (Bezug zum 1. August 1949), 20 (1. Dezember 1949), 22 (1. Januar 1950) und 24 (1. Dezember 1948). Bei den Hausnummern 18 und 24 gelang die Rekonstruktion schneller, da die dortigen Mieterinnen und Mieter eine große Eigeninitiative an den Tag gelegt hatten. Anlässlich der Generalversammlung 1951 lobten Aufsichtsrat und Vorstand die Bemühungen der dortigen Mieterinnen und Mieter, deren Erfolge bei der Mate-

rialbeschaffung für den schnellen Abschluss der Arbeiten ausschlaggebend gewesen seien.[246] Zwischen Oktober 1949 und Dezember 1950 gelang es dem BWV, auch die restlichen sechs Häuser – Schneckenburgerstraße 41, Hochstraße 52 (heute 81), Gudrunstraße 7, 9 und 11 sowie die Pötschnerstraße 14 – wieder in einen bezugsfertigen Zustand zu setzen. Statt der früheren 72 Wohnungen belief sich die Zahl der Wohneinheiten in diesen Gebäuden jetzt allerdings auf 91. Davon stellte der Beamtenwohnungsverein 26 den Altmieterinnen und -mietern zur Verfügung. 13 von diesen waren Betroffene der Ausbombungen, 9 gehörten zur Gruppe der Zwangsgeräumten. Damit war der Wiederaufbau abgeschlossen.

## Neubauten in der Nachkriegszeit

1950 wurde zugleich zum Jahr der ersten Neubauten im BWV seit der Vorkriegszeit. Mit den sogenannten Messerschmitt-Häusern an der Peter-Auzinger- und Weyarner Straße machte die Genossenschaft den Anfang. An der Bauweise dieser Montagebauten konnte man noch die Erfordernisse der Zeitumstände erkennen: Sie sollten möglichst schnell, ressourcensparend und kostengünstig errichtet werden. Mit der Peter-Auzinger-Straße 3 und 5 (jeweils sechs Wohnungen), der Weyarner Straße 1 und 1a (zwei Einfamilienhäuser mit insgesamt drei Wohnungen) sowie der Weyarner Straße 2 (zwölf Wohnungen) wurden zwischen Anfang März und Anfang April 1950 insgesamt 5 Häuser mit 27 Wohneinheiten in dieser Bauweise fertig.[247] Als Bauleiter wirkte hier der bekannte Münchner Architekt Sep Ruf, der unter anderem der Architekt des Kanzlerbungalows war. Die Häuser entstanden auf Erbbaugrund, den der BWV vom bayerischen Staat pachtete. Die damals abgeschlossenen Verträge laufen noch bis zum Jahr 2050 – auch, wenn die Häuser zwischenzeitlich einmal abgerissen und neu gebaut wurden (siehe Textkasten Messerschmitt-Häuser).[248]

Daneben baute die Genossenschaft ihre Liegenschaften in Haar weiter aus. Für die Häuser hatte sie Grundstücke von der oberbayerischen Regierung geschenkt bekommen.[249] Die Bauleitung übernahm der geschäftsführende Vorstand, Architekt Hanns Goetz, der bereits den gesamten Wiederaufbau der zerstörten Häuser durchgeführt hatte.[250] Zum 1. März 1950 konnten vier Häuser an der Goethestraße 4 und 4a sowie an der Schillerstraße 4 und 4a bezogen werden. Jedes der Gebäude umfasste fünf Wohnungen.[251] Insgesamt baute der BWV 1950 acht (bzw. nach Hausnummern neun) Häuser mit 47 Wohnungen.[252] Dafür hatte der BWV eine Summe von knapp 1,7 Millionen DM aufgewendet.[253]

### Veränderungen – organisatorisch und finanziell

Die Zeitumstände hatten nicht nur die Gebäudesubstanz des BWV angegrif-fen. Auch die finanzielle Situation der Genossenschaft nach Krieg, Währungsumstellung und der Wiederaufnahme der Bautätigkeit war angespannt. Hatte die letzte Abschlussbilanz in Reichsmark vom 20. Juni 1948 mit fast 13 Millionen RM geschlossen, öffnete die Bilanz vom nächsten Tag mit knapp 10 Millionen DM.[254] Dieser Bilanzverlust von circa 3 Millionen ergab sich aus den gesetzlich vorgeschriebenen Umwertungsquoten. Der Vorstand informierte die Mitglieder auf der Versammlung am 25. Mai 1951 ausführlich darüber – bis dahin hatte es gedauert, die komplexe Umstellung auf die DM-Bilanz korrekt durchzuführen. Aufsichtsrat und Vorstand versicherten, dass man in Anbetracht der Umstände das Bestmögliche für den BWV herausgeholt habe.

Die Währungsumstellung erforderte auch einige organisatorische und strukturelle Veränderungen. So war es notwendig, den Geschäftsanteil nach den gesetzlichen Bestimmungen von 100 RM auf 50 DM zu senken. Gleich darauf legte die Generalversammlung mit dem nächsten Beschluss die Erhöhung

der Kosten für einen Genossenschaftsanteil auf 100 DM fest. Im Nachklang dankten Aufsichtsrat und Vorstand den Mieterinnen und Mietern der im Krieg nur leicht beschädigten Anlagen dafür, dass sie sich damit abgefunden hatten, auf Mietkürzungen zu verzichten. Die Führung der Genossenschaft hob lobend hervor, dass sie durch diese Solidarität das Geld für die Instandsetzung der schwerer beschädigten Wohnungen hatte nutzen können.

Auch das sogenannte Lastenausgleichsgesetz (LAG) von 1952 stellte den BWV vor Herausforderungen. Das Gesetz sah vor, dass diejenigen, die durch Krieg, Vertreibung und Währungsumstellung um ihren Besitz gebracht worden waren, einen Ausgleich erfahren sollten. Gleichzeitig sollten diejenigen, die durch Land-, Grund-, Betriebsbesitz und andere Formen des Eigentums weniger betroffen gewesen waren, einen Teil zum Ausgleich beitragen. Bis 1989 belief sich die Gesamtsumme der Zahlungen im Rahmen des Lastenausgleichs auf etwa 130 Milliarden DM – die sozial integrierende Wirkung versöhnte viele Bürgerinnen und Bürger mit der jungen Bundesrepublik.[255] Für den BWV war dies bedeutsam, da er mit dem Inkrafttreten des LAG zur Entrichtung einer Hypothekengewinnabgabe (HGA) verpflichtet war. Die HGA griff vor allem dann, wenn Hypothekenschuldnerinnen und -schuldner durch die Währungsumstellung und die daraus folgende Abwertung ihrer Hypothek Schuldengewinne gemacht hatten. Für die Genossenschaft belief sich die Abgabe für die Jahre 1953 und 1954 immerhin auf jeweils circa 220.000 bzw. 230.000 DM.[256] Die komplexen Berechnungsmethoden für die HGA führten darüber hinaus dazu, dass der BWV zwischen 1953 und 1959 bei der Erstellung seiner Bilanz jeweils ein Jahr im Rückstand blieb.

Die für die Neubauten notwendigen Darlehen nahm die Genossenschaft bei verschiedenen Institutionen auf. In einigen Fällen setzte sich damit eine Zusammenarbeit, die bereits in der Vorkriegszeit stattgefunden hatte, fort, so zum Beispiel mit der Bayerischen Landeskulturrentenanstalt. Auch Arbeitgeberdarlehen vonseiten der Behörden, beispielsweise vom Staatsministerium

der Finanzen, von der bayerischen Landespolizei oder der Bundesbahn ermöglichten dem BWV neue Bautätigkeiten. Die acht bzw. neun Neubauten des Jahres 1950 waren zu 92 Prozent durch Darlehen finanziert.[257] Die 25. Generalversammlung am 2. März 1953 beschloss eine Schuldenaufnahme von 2,7 Millionen DM, die die geplanten Neubauten finanzieren sollten.[258] Weitere 300.000 DM nahm die Genossenschaft für diverse Bauinstandhaltungen auf. Allerdings hatten die Mitglieder bereits zwei Jahre zuvor den Gesamthöchstbetrag für Darlehensaufnahmen bei 6 Millionen gedeckelt.[259] 1957 stellte der Vorstand fest, dass der Staat bei sämtlichen Neubauten seit der Währungsumstellung bei der Finanzierung mitgeholfen hatte.[260]

## 72 Häuser – 672 Wohnungen

Zwischen 1946 und 1964, der internen Hochphase der Bautätigkeit nach dem Krieg, vergrößerte die Genossenschaft ihren Bestand von 92 Häusern und 830 Wohnungen auf 164 Häuser mit 1.502 Wohnungen.[261] Nach den Messerschmitt-Häusern und den Neubauten in Haar wurden 1951 die Haidhausener Häuser Grillparzerstraße 34 und Hackländerstraße 1 fertig. Die 25 Wohnungen dort gingen bei der Vergabe an Beamtinnen und Beamte des Zentralfinanzamts, das sich als Geldgeber beteiligt hatte.[262] Fünf weitere Gebäude in Haar befanden sich noch im Bau – die St.-Konrad-Straße 6, 6a und 6b sowie die Schillerstraße 1 und die Goethestraße 2 (als Häuserreihe an der St.-Konrad-Straße). Am 1. Mai 1952 waren sie bezugsfertig. Das Vergaberecht erhielt die Heil- und Pflegeanstalt Haar über die Regierung von Oberbayern, die als Geldgeber fungiert hatte.

1953 und 1954 bebaute die Genossenschaft einige noch freie Grundstücke in Haidhausen. Die Hackländerstraße 3, 5 und 7 und die Versailler Straße 17 brachten dem BWV insgesamt 45 neue Wohnungen.[263] 1955 konzentrierte sich die Bautätigkeit vollständig auf Haar. Mit der St.-Konrad-Straße 8, 8a, 10 und 10a sowie der Schillerstraße 2 (33 Wohnungen) übernahm erstmals alleinverantwortlich der seit 1951 angestellte Architekt Armin Tille (1921–2014) die Planungen und Bauausführungen. Tille blieb auch in den folgenden Jahren der leitende Architekt, so unter anderem für die Schneckenburgerstraße 38, 40 (30 Wohnungen, 1957 bezugsfertig), die Prinzenstraße 77, 79, 81, 83 (20 Wohnungen, 1958 bezugsfertig), die Rossinistraße 12 sowie die Destouchesstraße 49, 51 (38 Wohnungen, 1959 bezugsfertig) und die Ansprengerstraße 9 und 11 (30 Wohnungen, 1960 bezugsfertig). Auch für das Großprojekt von 1960/61, die Implerstraße 40, 40a, 42, 42a und die Danklstraße 15, 17 und 19 – insgesamt 7 Häuser mit 75 Wohnungen – war er verantwortlich. Sein letztes Projekt für den BWV schloss er 1964 mit 9 Häusern bzw. 114 Wohnungen in der Schwabinger Lothstraße ab. 1963 hatte der bayerische Staat dem BWV ein Grundstück an der Lothstraße überlassen. Am 20. Juni 1963 war Baubeginn. Die Fertigstellung staffelte sich von Anfang Juni bis Mitte Dezember des nächsten Jahres.[264]

Tilles oberster Grundsatz lautete: sparsam bauen und auf alles Unnötige verzichten.[265] Die Baupläne richtete er nach dem Ziel aus, den Genossenschaftsmitgliedern wohngerechte Wohnungsgrundrisse zu schaffen. Dazu gehörten, so Tille 2011 in einem Interview mit dem BWV, eben auch Abstellkammern und Wirtschaftsbalkone. Weitblick bewies er auch beim Bauprojekt Schneckenburgerstraße. Er ließ dort

Die Lothstraße 84 – 100 in der Nacht.

Leerrohrleitungen für die spätere Fernsehverkabelung einbauen.[266]

Tilles Weg zum BWV ging über den Architekten Hanns Goetz, der ihn 1948 zur Genossenschaft geholt hatte.[267] Goetz war nach dem Krieg zu einem der drei Vorstände gewählt worden und blieb in dieser Position bis 1967. Zwischen 1945 und 1955, also während der Phase des Wiederaufbaus und der Neubauprojekte, hatte er neben seinem Amt als Vorstand gleichzeitig den Posten des Geschäftsführers inne – damals ein Novum in der Struktur des Beamtenwohnungsvereins (nur während einer Interimsphase zwischen 1968 und 1970 kam es nochmal vor, dass der BWV mit Hans Irlbacher ein geschäftsführendes Vorstandsmitglied hatte). Für diese Zeit muss Goetz als besonders prägende Gestalt der Genossenschaft gewertet werden. Bis 1956 teilte er sich die Vorstandspflichten mit BWV-Urgestein Otto Edelmann, der seit 1921 un-

unterbrochen Teil des Vorstands gewesen war. Mit 35 Jahren Dienstzeit hält er bis heute den Rekord als der längste amtierende Vorstand der Genossenschaft. Als Dritter war 1945 der Stadtrat Anton Weiß dazugekommen. Weiß war seit 1917 bei der Stadtverwaltung tätig gewesen, allerdings 1933 entlassen worden.[268] Als Sozialdemokrat war er zwischen 1945 und 1967 Mitglied des Münchner Stadtrats – bis 1971, also 26 Jahre lang, nahm er sein Amt im BWV wahr. Besonders sein Engagement bei der Beschaffung von Bauland würdigte die Genossenschaft anlässlich ihres fünfzigsten Jubiläums.[269]

Zu den langjährigen Engagierten im BWV gehörte auch der ehemalige Stadtdirektor Hans Lechner.[270] Lechner war 1933 in den Aufsichtsrat gekommen und bis 1973 Teil des Gremiums – als einziges Mitglied verblieb er auch nach dem Zweiten Weltkrieg im Aufsichtsrat. Lange Zeit nahm er den Pos-

ten des stellvertretenden Vorsitzenden ein. 1945 stand er dem Aufsichtsrat vermutlich übergangsweise kommissarisch vor. Von 1958 bis einschließlich 1973 übernahm er dann das Amt des Vorsitzenden. Während seines 40-jährigen Engagements für die Genossenschaft war er übergreifend mit vielen Thematiken beschäftigt. Die 50-Jahres-Chronik hob insbesondere seine Kenntnisse beim Haushaltswesen und in der Bilanzierung hervor.[271]

Der Beamtenwohnungsverein blieb für Staat und Kommune ein wichtiger Partner bei der Lösung des Wohnungsproblems. 1960 konnte der Vorstand in der Generalversammlung verkünden, dass die Stadt München den BWV beauftragt hatte, „den Bau von 96 Wohnungen im II. Bauabschnitt der Großraumwohnanlage Fürstenried" zu beginnen.[272] Am 23. Mai des Folgejahres erfolgte der Spatenstich für die ersten 64 Wohnungen an der zukünftigen Appenzeller Straße 63 bis 77.[273] Zwischen dem 1. Juli und dem 11. September 1962 konnte der BWV sie

bezugsfertig melden.[274] Die erst im November 1961 begonnenen beiden Häuser in der Appenzeller Straße 79 und 83 waren wegen des strengen Winters erst im Februar 1963 bezugsfertig.[275] Damit war die Wohnanlage an der Appenzeller Straße – insgesamt 10 Häuser – fertiggestellt.

## Zwischenbilanz

Innerhalb von 19 Jahren hatte der BWV nicht nur die im Krieg verlorenen 11 Gebäude wiederaufgebaut, sondern seinen Hausbestand um 61 Gebäude (verteilt auf 62 Hausnummern) vergrößert. Damit erhöhte sich der Wohnungsbestand um 672 Einheiten.[276] Nun setzte zunächst eine Phase ein, in der die Genossenschaft keine neuen Bauprojekte anging. Zwar verhandelte sie bereits seit 1964 mit der Gemeinde Haar darüber, die noch freien Gartengrundstücke zwischen der Wasserburger Land-, der Leib- und St.-Konrad-Straße zu bebauen.[277] Die Verhandlungen führten al-

Auch im Jahr 2020 spielen noch Kinder im Innenhof der Appenzeller Straße.

lerdings vorläufig zu keinem Ergebnis. Ein Grund für das Stocken der Bautätigkeit lag auch darin, dass der Genossenschaft keine geeigneten Bauplätze mehr zur Verfügung standen. Neben den Gartengrundstücken in Haar gab es lediglich noch ein 1.960 Quadratmeter großes Gelände an der Agnes-Bernauer-Straße 149. Der Vorstand hielt es allerdings „für die Bebauung durch die Genossenschaft wenig geeignet"[278]. 1969 gelang es dem BWV, das Grundstück gegen ein 2.457 Quadratmeter großes Gelände der Stadt München an der Friauler Straße einzutauschen.[279]

Damit war der Weg für weitere Neubauten frei. 1970 begann der BWV mit den Baumaßnahmen für vier Häuser an der Friauler Straße 3, 5, 7 und 9. Bis Ende 1971 wurden hier 40 Wohnungen fertig, die die Genossenschaft diesmal vollständig aus eigenen Mitteln finanziert hatte.[280] Zeitgleich ließ der Beamtenwohnungsverein zwei Altbauten (vier Hausnummern) in Haar abreißen. Die Untere Parkstraße 32 und 32 a sowie die Waldstraße 2 und 2 a waren

1924 gebaut worden und über die Verschmelzung der Baugenossenschaft Haar mit dem BWV 1942 in den Besitz der Genossenschaft gelangt. Bereits 1968 hatten Aufsichtsrat und Vorstand anlässlich einer Begehung entschieden, dass der Aufwand für die notwendige Renovierung in keinem Verhältnis mehr zum Nutzen der Gebäude stand – das galt im Übrigen auch für die ebenfalls benachbarte und zum Besitz gehörende Zunftstraße 2 und 2 a.[281] Die beiden erstgenannten Gebäude ließ die Genossenschaft abreißen und auf dem freien Grund drei Neubauten errichten. Sie wurden im Februar 1972 bezugsfertig. Der BWV verdoppelte damit die Zahl an Wohnungen dort von 12 auf 24.[282] Auch hier kamen vor allem wieder Eigenmittel, aber auch ein staatliches Baudarlehen und Wohnungsfürsorgemittel des Bezirks Oberbayern zur Anwendung. Das Haus an der Zunftstraße sollte ebenfalls abgerissen und durch einen Neubau ersetzt werden.

Immer bedeutender wurde die Frage, wie sich die zunehmende Mo-

torisierung der Gesellschaft auf die zukünftigen Bauten auswirken würde. Bereits 1937 hatten Aufsichtsrat und Vorstand beschlossen, dass in Zukunft jeder Neubau mit Autoabstellplätzen geplant werden sollte.[283] Allerdings machten Krieg und Nachkriegszeit die Umsetzung aufgrund des Mangels an Kraftfahrzeugen erstmal unnötig. Erst die rapide Verbreitung von Automobilen in den 1950er-Jahren brachte die Umsetzung wieder auf die Agenda. Bis 1955 belief sich die Zahl von Personenkraftwagen in (West-) Deutschland auf knapp 1,75 Millionen.[284] Zehn Jahre später fuhren bereits knapp 9,3 Millionen Pkws auf den Straßen.

Die ersten sechs Garagen des BWV entstanden 1952 an den Häusern Kreittmayrstraße 6, Versailler Straße 3 und Peter-Auzinger-Straße 2.[285] In den nächsten zwei Jahren kamen an diesen drei Standorten noch weitere elf Garagen hinzu. Es war absehbar, dass die Autostellplätze in Zukunft einen Großteil der freien Flächen der jeweiligen Anlagen beanspruchen würden. Um Hofflächen zu erhalten, plante die Genossenschaft 1957 für den Neubau in der Ansprengerstraße die erste Tiefgarage mit 44 Stellplätzen.[286] Mit der Fertigstellung 1959 und weiteren Garagenbauten in diesem Jahr stieg die Zahl der Stellplätze 1960 auf 72 – mit einem Platzverbrauch von circa 834 Quadratmetern.[287] Bis 1964 vergrößerte sich die Zahl an Einzelstellplätzen auf 187.[288] Dazu kam noch eine Sammelgarage in der Appenzeller Straße mit 18 Einzelboxen.[289] Bis 1971 änderte sich daran nichts mehr.[290] Neben den Wohnungen und Garagen verfügte die Baugenossenschaft noch über gewerbliche Einheiten. Ihre Zahl war allerdings begrenzt, da die Genossenschaft nur über einen gewissen Prozentsatz an Läden verfügen durfte, die sie extern vermietete. Anderenfalls hätte sie ihren Status als gemeinnützige Wohnungsbaugenossenschaft verloren und damit die Steuerfreiheit. Ende 1971 befanden sich in allen Häusern des BWV zusammen 14 gewerbliche Einheiten: 10 Läden, 3 Büros und 1 Arztpraxis.

## Instandsetzungen

Je mehr Häuser der BWV für seine Mitglieder errichtete, desto umfangreicher wurde auch der Verwaltungsaufwand. Kurz nach dem Krieg ging es vor allem um die Behebung der leichten und mittleren Fliegerschäden. Nach dem Beginn der Neubaumaßnahmen beschränkte sich die Instandhaltungsarbeiten auf das Wesentlichste und Notwendigste. Dazu gehörten die Reparatur von Treppenhäusern, das Auswechseln von kaputten Fensterrahmen, der Ersatz von fehlenden Rollläden und der Austausch von alten, funktionsuntüchtigen Herden.[291] Bis Ende der 1950er-Jahre hielt sich der finanzielle Aufwand dafür im Rahmen. Beispielsweise beliefen sich die Kosten für die Instandhaltungen im Jahr 1958 auf circa 190.000 DM.[292]

Das änderte sich im folgenden Jahrzehnt. Insbesondere die Kosten für die Instandhaltung der Altbauten stiegen rapide. Bereits 1960 musste die Genossenschaft die aufgewendete Summe um mehr als 70 Prozent auf knapp 325.000 DM steigern.[293] In diesem Jahr stand die komplette Renovierung der Lothstraße 30 und 32 sowie der Kreittmayrstraße 33 und 35 nebst der Neugestaltung der dortigen Hofanlagen an. Darüber hinaus ließ der BWV die Fassaden in der Ansprengerstraße erneuern. Die Wohnhäuser an der Schneckenburger-, Versailler und Prinzregentenstraße erhielten neue Kamine.

Der Trend hielt auch in den folgenden Jahren an. 1963 beliefen sich die Kosten zum ersten Mal auf über 500.000 DM,[294] 1971 erstmals auf über eine Million.[295] Es waren naturgemäß in erster Linie die Altbauten, die den Löwenanteil bei den Kosten verursachten. 1971 beliefen sich die Instandhaltungskosten in den Neubauten auf 6,09 DM pro Quadratmeter, in den Häusern, die vor 1948 entstanden waren, hingegen auf 11,82 DM.[296] Neben den laufend notwendigen Arbeiten gingen größere Investitionen in der Regel auf das Konto umfangreicherer Maßnahmen, wie dem Einbau bzw. der Modernisierung von 35 Bädern in der Wohnanlage Herzogstraße 16 und 18 im Jahr 1969.[297]

## Ein halbes Jahrhundert BWV

### Zusammenleben in der Genossenschaft

Eine Wohnbaugenossenschaft lebt vom guten Willen der Mitglieder, einen gemeinsamen Konsens im Wohnalltag zu finden. 1964 ersetzte der BWV dementsprechend seine alte Hausordnung, die seit 1932 gegolten hatte. Die neue Hausordnung gewährt einen Einblick in die Reglementierung des Wohnalltags in den 1960ern. Viele Vorschriften lassen sich auch heute noch in ähnlicher Form und Formulierung bei Musterhausordnungen finden. Die allgemeinen Ruhezeiten zwischen 22 und 8 Uhr sowie zwischen 13 und 15 Uhr untersagten ruhestörende Geräusche, insbesondere durch Musizieren und Geräte.[298] Als Beispiele führte die

Hausordnung hier Staubsauger, Bohner- oder Teppichkehrmaschinen und Wäscheschleudern auf. Diese durften wochen- wie feiertags nur bis 18 Uhr verwendet werden. Im Vergleich zu heute ist da kaum ein Unterschied festzustellen – obwohl viele Haushaltsgeräte inzwischen so leise sind, dass sie auch in Ruhezeiten verwendet werden können.

Einzelne Aspekte lassen jedoch aufscheinen, in welchen Bereichen sich der Alltag im Laufe der Zeit verändert hat. Einen eigenen Ordnungspunkt erhielt 1964 noch die Kategorie „Wäschereinigung". Darin legte der BWV fest, dass die Waschküche mit ihren Einrichtungen nur dann verwendet werden dürfe, „wenn nicht eine Haushaltswaschmaschine" bereits angeschafft sei.[299] Auch verbot die Hausordnung das Waschen für hausfremde Personen – eventuell, um der Tätigkeit des Wäschewaschens gegen Geld auf Kosten der Hausgemeinschaft vorzubeugen. Umfangreich waren auch die Vorschriften zur Benutzung des Waschkessels, vor allem zur Beheizung mit Brennstoffen. Die richtige Verwendung von Brennmaterial mahnte die Hausordnung auch bei den Badezimmer- und Küchenöfen an. Die Heterogenität an noch parallel existierenden Heizquellen lässt sich auch an den verschiedenen Vorschriften zur sicheren Lagerung des Brennmaterials ablesen. Holz, Gas und Öl führte die Hausordnung namentlich auf. Daneben dürfte wohl auch noch in einigen Fällen Kohle verwendet worden sein.

Für die kleineren Schönheitsreparaturen in den Wohnungen waren die Mieterinnen und Mieter eigenverantwortlich. Das bezog sich insbesondere auf das Tünchen der Räume und das Anstreichen der Türen- und Fensterrahmen.[300] Der BWV legte dafür einen gestaffelten Zeitplan als Richtlinie fest: alle drei Jahre waren Bäder und Küchen zu streichen, alle vier Jahre die Wohnräume, die Schlafräume nach sechs Jahren und die übrigen Zimmer nach acht. Insbesondere in der Nähe der Heizstellen sollten die Mieterinnen und Mieter darauf achten, dass die Wohnungen nicht im Fall von übriggebliebener Asche verunreinigt würden. Die Asche war auch bei der Müllentsorgung das wichtigste Thema. Ansonsten bildete der Hausmüll eine wenig umfangreiche Kategorie. Das ist ein Zeichen dafür, dass die Zunahme des Mülls, insbesondere des Verpackungsmülls in den 1950er- und 1960er-Jahren noch kein Thema war, das sich aufdrängte.

Auch die Verbreitung von Autos verursachte keine Probleme. Weder die Nutzung von Abstellplätzen noch die Reinigung auf den Hof- und Stellplätzen scheinen für Aufsichtsrat und Vorstand zu diesem Zeitpunkt ein wichtiges Thema gewesen zu sein. Erst in der neuen Hausordnung von 1978 hob der BWV hervor, dass „das Waschen von Kraftfahrzeugen sowie Wartungs- und Reparaturarbeiten, die mit einer besonderen Verschmutzungsgefahr verbunden sind", untersagt waren.[301] Wahrscheinlich waren zu häufig beim privaten Ölwechsel die Höfe verschmutzt worden.

### Die Verwaltung wächst

Der Beamtenwohnungsverein war bereits früh gezwungen gewesen, wegen der weit auseinanderliegenden Wohnanlagen ein eigenes Auto für die Verwaltung anzuschaffen. Den Anfang hatte zu Beginn der 1930er ein Kleinstwagen des Typs Goliath des gleichnamigen Bremer Automobilherstellers gemacht. Dieser dreirädrige Wagen aus lederbezogenem Holz war günstig in der Anschaffung und konnte laut Gesetz im Gegensatz zu vierrädrigen Kraftwagen auch ohne Führerschein gefahren werden. 1938 ersetzte der Vorstand den Wagen durch einen gebrauchten Opel Kadett (siehe Kapitel 2). Wie lange dieser wiederum Dienst tat, lässt sich nicht genau nachverfolgen. 1960 jedenfalls schaffte der BWV für den Hausverwalter Lorenz ein neues Fortbewegungsmittel an: einen gebrauchten Lloyd 600 für 1.500 DM.[302] Dieser Wagen der Bremer Borgward-Werke AG brachte zwischen 19 bis 25 PS Leistung[303] – für den Stadtverkehr absolut ausreichend.

Das Anwachsen des Hausbestands des BWV erforderte auch einen Zuwachs beim Personal, das mit der Verwaltung beschäftigt war. 1950 hatte die Genossenschaft einen angestellten hauptamtlichen Geschäftsführer.[304] Zusammen mit ihm sorgten drei kaufmännische Mitarbeiterinnen für den ordnungsgemäßen Ablauf der täglichen Verwaltungsaufgaben. Dazu kamen zwei technische Hausverwalter, die sich um die baulichen Sachfragen der einzelnen Wohnanlagen kümmerten. In der Phase der Neubauten war mit Armin Tille auch ein genossenschaftseigener Architekt angestellt. Er schied allerdings 1955 aus dem Stammpersonalbestand aus und machte sich selbstständig.[305] Um die einzelnen Wohnhäuser kümmerten sich insgesamt 15 Hausmeisterehepaare. Eines davon war hauptberuflich bei der Genossenschaft angestellt, die restlichen 14 versahen ihre Tätigkeit nebenberuflich.

Bis 1971 vergrößerte sich der Stab um eine weitere kaufmännische Angestellte, die halbtags tätig war, sowie um einen Hausmeister.[306] Auf den ers-

**50 Jahre BWV**

ten Blick erscheint dies bei der doch erheblichen Zahl an Neubauten nicht allzu viel. Allerdings waren mittlerweile fünf Hausmeister hauptberuflich tätig. Diese standen nun also vollumfänglich für die technische Betreuung der einzelnen Häuser zur Verfügung. Dazu kam noch eine „Reinemachfrau" – vermutlich für die Büroräume der Genossenschaft in der Liebigstraße 43.

**Das Jubiläum**

Am 19. Februar 1971 jährte sich die Gründung des Beamtenwohnungsvereins München zum fünfzigsten Mal. Zu diesem Anlass gab die Genossenschaft eine kleine Chronik heraus. Am Jubiläumstag selbst belief sich der Bestand des BWV auf 1.501 Wohnungen mit rund 119.000 Quadratmetern Wohnfläche.[307] Dazu kamen 10 Läden, 3 Büros und 188 Garagenplätze. Bis Ende des Jahres vergrößerte sich der Bestand durch die bezugsfertigen Häuser in der Friauler Straße auf 1.553 Wohneinheiten, 11 Läden, 3 Büros und 217 Autostellplätze.[308] In ganz Bayern belief sich die Gesamtzahl an Wohnungen, die eingetragenen Genossenschaften mit beschränkter Haftpflicht gehörten, Ende des Jahres 1970 auf 148.742. Damit hielt der BWV allein circa ein Prozent der genossenschaftlichen Wohnungen des Freistaats.[309]

Am Anfang des Jahres 1971 hatten dem BWV 2.215 Mitglieder mit zusammen 9.022 Anteilen angehört.[310] Am Ende des Geschäftsjahres wuchsen diese Zahlen auf 2.292 Genossinnen und Genossen mit 9.734 Anteilen. Von den Mitgliedern, die noch nicht mit Wohnungen versehen waren, waren laut Angaben des Aufsichtsratsmitglieds Reitsam 425 „echte Wohnungsbewerber" – also beispielsweise keine Körperschaften.[311] Für diese Mitglieder durch Neubauten Wohnungen zu schaffen wurde zu Beginn der 1970er-Jahre deutlich schwieriger. Der Ölpreisschock von 1973 stand zwar noch bevor und das Wirtschaftswachstum der Nachkriegszeit hielt noch an, aber insbesondere der Bevölkerungsdruck in München stellte den BWV vor große Herausforderungen. Am 17. Dezember 1957 war die Stadt mit der Geburt des Kaminkehrersohns Thomas Seehaus zur Millionenstadt aufgestiegen – und die Stadtbevölkerung wuchs weiter. Bebaubare Grundstücke im Stadtbereich waren schon längst Mangelware und die Genossenschaft hatte bisher großteils auf Grundstücken gebaut, die sich schon vorher in ihrem Besitz befunden hatten.

Auch die Finanzierung von Neubauten erwies sich zunehmend als schwierig. Die Darlehensbedingungen für Hypothekenaufnahmen hatten sich seit 1969 so verschlechtert, dass Mietsätze, wie sie bisher im BWV verbreitet gewesen waren, nicht mehr möglich erschienen.[312] Der allgemeine Anstieg des Lohnkostenniveaus hatte selbstverständlich auch vor der Baubranche nicht haltgemacht. Sollte sich an diesen Umständen in Zukunft grundsätzlich nichts ändern, dann waren die Aussichten bei Weitem nicht mehr so gut wie bisher, befanden Aufsichtsrat und Vorstand. Bereits auf der Generalversammlung 1960 hatte der damalige Aufsichtsratsvorsitzende Lechner jedoch klar gemacht, dass „der Beamtenwohnungsverein eine Tradition [hat]. Ich hab (!) schon im Verlauf meiner kurzen Ausführungen darauf hingewiesen, daß diese Tradition verpflichtet. Aus dieser Verpflichtung heraus stelle ich heute an Sie die Bitte, unterstützen Sie den Beamtenwohnungsverein in seinen Bestrebungen für die Zukunft. Nehmen Sie Maßnahmen, die der Beamtenwohnungsverein in den kommenden Jahren treffen muß, ihm nicht übel, sondern denken Sie an die Schwierigkeiten, wie wir sie bisher hatten und daraus (!) daß die Schwierigkeiten fortdauern. Gerade die Schaffung einer neuen Grundlage, um den Beamtenwohnungsverein weiter zu entwickeln, kostet uns erhebliche Aufwendungen und dazu brauchen wir auch Ihre Unterstützung."[313]

Grüner Hinterhof
in der Hackländer-
straße im Jahr 2020

Typisch für die Bauweise der Nachkriegszeit waren die vier Messerschmitt-Häuser, die der BWV in der Gie-
singer Peter-Auzinger-Straße und der
Weyarner Straße in den Jahren 1949/50
errichten ließ. Das Projekt war von der
bayerischen Staatsregierung an die Genossenschaft herangetragen worden.
Ein Ministerialrat von Miller nahm an
der Versammlung des Aufsichtsrats
und Vorstands im Sommer 1949 persönlich teil, um sich für das Bauvorhaben einzusetzen: „Der bayerische
Ministerpräsident vertraut darauf, daß
durch die Messerschmittbauweise viel
geschaffen werden kann."[314]

Der Unternehmer hinter diesem
Projekt war der Flugzeugkonstrukteur
Wilhelm „Willy" Messerschmitt, der
nach 1945 in Deutschland zunächst
nicht mehr im Flugzeugbau tätig sein
durfte. Der Ingenieur wandte sich deshalb der Produktion von Nähmaschi-
nen, Bügeleisen, Kabinenrollern und
eben Fertighäusern zu. Gemeinsam mit
dem Münchner Architekturprofessor
Sep Ruf entwickelte er eine „Tafelbau-
weise", bei der aus vorgefertigten Bau-
elementen Häuser zusammengestellt
werden konnten. Folgende Vorgaben
galt es zu erfüllen: 1. Die Fertigung sollte systematisch und preiswert sein.
2. Auf den knappen Baustoff Holz sollte möglichst verzichtet werden. 3. Der
Bau sollte in kurzer Zeit möglich sein.[315]
Dementsprechend bestand das Grund-
element der Messerschmitt-Häuser aus
Porenbeton-Tafeln, 60 cm bzw. 120 cm
breit und 250 cm bzw. 210 cm hoch, die
in ein Stahlskelett eingefügt wurden.
Auch das Dach bestand aus Leicht-
bau-Stahlprofilen, die mit Ziegeln ge-

deckt wurden. Wärmedämmung wurde erreicht durch die Ausbildung der
Außenwand als Doppelwand, die mit
Dämmstoffen gefüllt werden konnte.
In der Zeitschrift *Der Spiegel* äußerte
sich der Chefkonstrukteur der Häuser,
Ingenieur Höllein: „Wenn unsere Häuser montiert werden, muss jede Verbindung sitzen, wie wir es vom Flugzeugbau her gewohnt waren. Damit sparen
wir Zeit und Geld."[316]

Diese Musteranlagen wurden in
den Jahren 1949/50 in ganz Deutschland gebaut, eine Zeit lang wurden sie
sogar als Ausweg aus der Wohnungsnot wahrgenommen. „Den vielen Menschen, die es [das Messerschmitt-Haus]
ansahen, konnte man anmerken: sie
schöpften wieder Hoffnung. Der Alp-
druck stickiger Baracken und dump-
fer, vollgestopfter Flüchtlingsstuben
begann zu weichen."[317] Die Häuser in
Montage-Bauweise setzten sich jedoch
längerfristig nicht durch.

Der BWV erhielt für den Bau der
Messerschmitt-Häuser ein Grundstück
im Erbbaurecht zur Verfügung gestellt.
Offensichtlich wäre dem bayerischen
Staat ein zentraler gelegener, reprä-
sentativerer Baugrund lieber gewesen,
aber der Ministerialrat stellte in der
Sitzung fest: „Beim Grundstück war
leider nichts Besseres aufzutreiben."[318]
Für die genaue Planung der Häuser be-
auftragte der BWV mit Sep Ruf einen
namhaften Architekten, der auch bei
der Entwicklung der Bauweise beteiligt gewesen war. Die Innenaus-
stattung und die Fassadengestaltung
wirken auf den Fotografien hell und
modern. Trotzdem bemerkten Bewohnerinnen und Bewohner schon bald

Durch die vorgefertigten Bauteile konnten die Messerschmitt-Häuser schnell fertiggestellt werden.

Die Häuser in der Peter-Auzinger-Straße im Jahr 2020.

Die Einrichtung spiegelte den auf
Funktionalität ausgerichteten
Geist der 1950er-Jahre wider.

Planungsmängel. Der Architekt Armin Tille wohnte mit seiner Familie in der Weyarner Straße 2. Weil das Haus nur Fenster nach Nordosten besaß, ließ er ein zusätzliches Fenster nach Süden herausschneiden.[319] Die Grundrisse der Wohnungen werden später so beschrieben: ausschließlich gesperrte Zimmer, keine Querlüftung, schlechte Möbelstellmöglichkeiten, sehr kleine Küchen, keine Abstellräume.

Die größeren Mängel wiesen die Häuser jedoch in der Konstruktion, der Standsicherheit und dem Schall- und Wärmeschutz auf. In einem Architektengutachten aus dem Jahr 1981 hieß es: „Nach Untersuchung der Sanierungsmöglichkeiten ist festzustellen, daß keine Gebäudesubstanz vorhanden ist, auf die man eine sinnvolle Sanierung aufbauen könnte."[320] Die Statik der Gebäude gebe Anlass zu erheblichen Bedenken, wurde betont. Auch wiesen die Architektinnen und Architekten darauf hin, dass die meisten Gebäude „dieser Bauart" in der Bundesrepublik Deutschland bereits abgerissen worden seien. Der Abbruch der Häuser erfolgte und statt den 27 Wohnungen konnten 1985 70 Wohnungen neu bezogen werden, die energetisch und baulich auf dem neuesten Stand waren.

Im Jahr 1993 kamen durch den Ausbau der Speicher noch einmal sechs Wohnungen hinzu.

Luftbild der Haarer Garten-
hofsiedlung aus den 1990er-
Jahren.

**4**

Bestandserhalt, Einzelobjekte und
ein neues Selbstverständnis
*(1971 – 2000)*

### Die Ausgangslage 1970

Die 1960er- und frühen 1970er-Jahre waren für München eine Zeit des Umbruchs. Die Olympischen Spiele des Jahres 1972 brachten für den Ausbau des Nahverkehrswesens einen deutlichen Schub. Seit Mitte der 1960er waren große zentrale Teile der Stadt in Baustellen verwandelt worden. Bis Oktober 1971 gelang es, die ersten 10,5 Kilometer der Linie U6 zwischen Kieferngarten und Goetheplatz einsatzbereit zu machen. Im Verlauf der Spiele selbst beförderten U- und S-Bahn insgesamt 5,5 Millionen Fahrgäste – das entsprach circa 70 Prozent der Olympiabesucher. Die „heiteren Spiele" von 1972, die bewusst als Gegensatz zu den Olympischen Spielen 1936 angelegt waren, bekamen jedoch eine tragische Wendung: Der Terroranschlag auf die israelischen Sportler endete für elf der Geiseln und einen Polizisten tödlich. Für Deutsch-

land bedeuteten die Spiele von 1972 und die Fußballweltmeisterschaft 1974 – die mit dem Sieg der deutschen Nationalmannschaft in München endete –, dass sich die Bundesrepublik im internationalen Ansehen von der Vergangenheit gelöst hatte. München war nun die „Weltstadt mit Herz". Nach dem Bauboom anlässlich der Olympischen Spiele stagnierten in München allerdings zunächst neue Bauprojekte und -planungen. Die Planungseuphorie der 1960er-Jahre wurde in den 1970er- und 1980er-Jahren durch eine gewisse Nostalgie des Bewahrens abgelöst.

Der BWV realisierte noch zwei Neubauprojekte: Die 1971 in der Friauler Straße 3, 5, 7 und 9 entstandenen Gebäude sowie die im Februar 1972 fertiggestellten Häuser in der Haarer Waldstraße 1 bis 11. Vor allem die zunehmende allgemeine Preissteigerung im Bausektor machte Planungen, geschweige denn die Umsetzung von Neubauten schwierig. Auch fehlte es dem BWV an verwertbaren Grundstücken. Lediglich in der Wohnanlage Haar gab es die Möglichkeit, durch nachverdichtende Bebauung neue Wohnungen zu schaffen. Dies war allerdings zu Beginn der 1970er-Jahre nicht mehr als eine Idee für die zukünftige Entwicklung.

Im Jahr 1972 beschloss die Generalversammlung eine Sperre für die Aufnahme neuer Mitglieder.[321] Ziel war es, die Zahl an Wohnungen im Verhältnis zu den Mitgliedern einigermaßen in der Balance zu halten. Die Gesamtzahl der Mitglieder, die noch keine zugewiesene Wohnung hatten, sollte nicht mehr als die Hälfte der Zahl der Mitglieder mit Wohnungen ausmachen.

Die Friauler Straße 3 – 9 (1990er).

## Instandhaltungen

Die Instandhaltung der vorhandenen Bauten wurde nun zur Hauptaufgabe. Von den jährlichen Aufwendungen der Genossenschaft machten sie bereits den größten Anteil aus. Das Spektrum reichte von der Heizungsumstellung oder Bädermodernisierung in einzelnen Wohnungen nach Mieterwechsel bis zu Fassadenerneuerungen und Innenhofgestaltung ganzer Wohnanlagen.

Eine Einsicht in die einzelnen Projekte gewähren die Protokolle der gemeinsamen Aufsichtsrats- und Vorstandssitzungen dieser Jahre. Bei einem Treffen der beiden Gremien am 2. Juli 1975 ging es in erster Linie um die anstehenden Um- bzw. Neugestaltungen der Innenhöfe in den Wohnanlagen in Schwabing und Haidhausen.[322] Für Schwabing beschlossen die Anwesenden ein Budget für die Umgestaltung von bis zu 180.000 DM. Neben der neuen Hofbegrünung ging es ihnen auch um die Einrichtung eines großen Schachspiels auf dem Boden des Hofs, einer Malwand und anderer Kinderspielgeräte. Dies sollte vornehmlich als Investition in die Instandhaltung abgerechnet werden. Nur ein kleiner Teil, so der Beschluss, sollte als Wertverbesserungsmaßnahme auf die Miete umgelegt werden. Die insgesamt drei Höfe in Haidhausen, für die ein ähnlicher Umbau geplant war, sollten 220.000 DM kosten. Gegen Ende der Sitzung beschlossen Aufsichtsrat und Vorstand noch eine neue Richtlinie für die zukünftige Instandhaltung und Wertverbesserung der zu renovierenden Küchen: die moderneren Doppelspülen sollten die bisher noch immer vorkommenden Ausgüsse und Einzelspülen ersetzen.

Die Instandhaltungen und Modernisierungen blieben auch in den Folgejahren größtenteils Detailarbeit. In selteneren Fällen konnte die Genossenschaft ganze Häuser, noch seltener komplette Wohnanlagen vollumfänglich sanieren. Die Sanierung betraf in der Regel den Einbau einer Zentralheizung oder die Verbesserung der sanitären Einrichtung. Die Komplettsanierung von Wohnungen führte der BWV meist nur dann durch, wenn die Wohnung nach Auszug, Wechsel oder Tod der bisherigen Mieterin bzw. des bisherigen Mieters leer stand.

Etwas mehr als die Hälfte der Bausubstanz der Genossenschaft bestand aus Altbauten. Die Grenze der Zuweisung eines Gebäudes in die Kategorie „Alt-" oder „Neubau" markierte der Zweite Weltkrieg. Alle Häuser, die vorher errichtet worden waren, zählten zu den Altbauten – mit Ausnahme derjenigen, die im Krieg vollständig zerstört und danach wiederaufgebaut worden waren. Mit 85 Häusern und 815 Wohneinheiten (insgesamt 71.899 Quadratmeter) machten die Altbauten 1977 noch den größeren Anteil aus.[323] Die

Eine grüne Oase hinter der Friauler Straße im Jahr 2020.

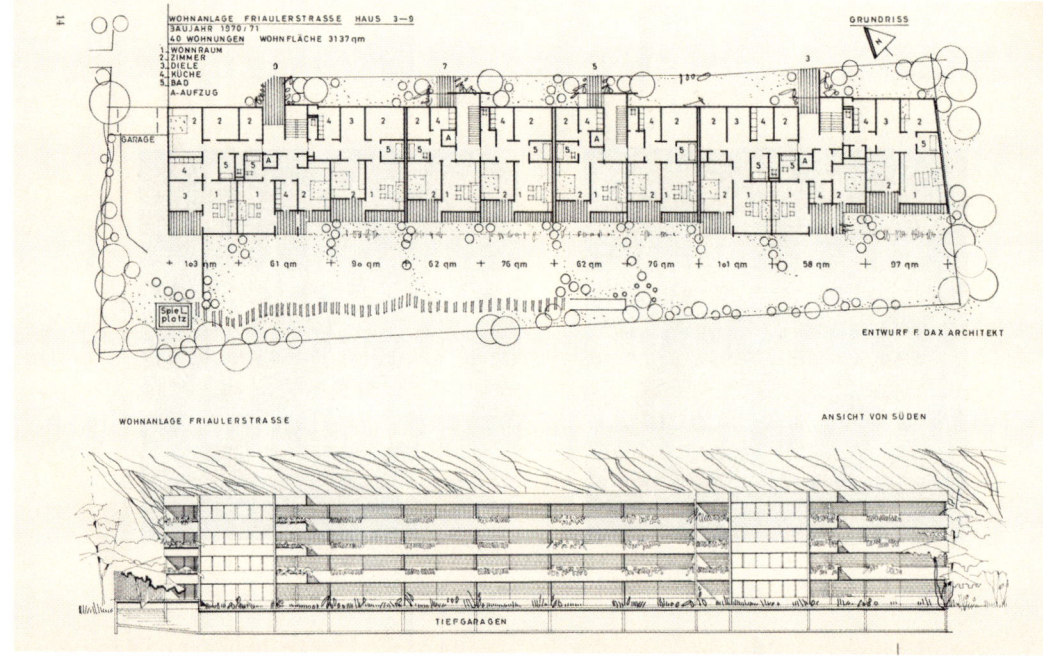

WOHNANLAGE FRIAULERSTRASSE HAUS 3—9
BAUJAHR 1970/71
40 WOHNUNGEN WOHNFLÄCHE 3137 qm
1. WOHNRAUM
2. ZIMMER
3. DIELE
4. KÜCHE
5. BAD
A-AUFZUG

GRUNDRISS

GARAGE

Spielplatz

61 qm + 90 qm + 62 qm + 76 qm + 62 qm + 76 qm + 101 qm + 58 qm + 97 qm

ENTWURF F. DAX ARCHITEKT

WOHNANLAGE FRIAULERSTRASSE

ANSICHT VON SÜDEN

TIEFGARAGEN

Zahl der Neubauten lag mittlerweile aber mit 82 Häusern und 733 Wohnungen bereits nahe am Gleichstand. Allerdings war die Gesamtgröße der neuen Mieteinheiten mit 54.255 Quadratmetern deutlich kleiner. Von den großen Wohnungen aus den Anfangsjahren hatte sich der BWV bei den Neubauten verabschiedet.

1977 nahm die Genossenschaft aus der Vermietung der Wohnungen 416.500 DM monatlich ein.[324] Zusammen mit den gewerblich vermieteten Einheiten und den Garagen und Stellplätzen summierten sich die monatlichen Einnahmen auf knapp 435.000 DM. Die Verwaltungskosten pro Mieteinheit lagen 1977 bei 17 DM pro Monat, im Vorjahr hatten sie noch 15 DM betragen.

### Eine neue Generation in der Verwaltung

Personell engagierten sich seit den 1970er-Jahren vier Persönlichkeiten im BWV, die für die nächsten Jahrzehnte

die Politik und Ausrichtung der Genossenschaft maßgeblich prägen sollten: Herbert Maier, Horst Scherer, Max Saxinger und Bernhard Welker. Mit ihnen setzte ein Generationenwechsel ein.

Herbert Maier wurde 1972 in den Aufsichtsrat gewählt und übernahm bereits 1974 die Position des Aufsichtsratsvorsitzenden – und musste sich in dieser Funktion bei den dienstälteren Herren durchzusetzen lernen.[325] Insgesamt 42 Jahre, bis 2014, war er im Aufsichtsrat aktiv, davon 28 Jahre als Vorsitzender. Als Verwaltungsdirektor engagierte er sich im Finanz- und Verwaltungsausschuss, zeitweise auch als Vorsitzender. Besonders wichtig war ihm – auch im Rahmen der notwendigen Modernisierungen und Neubauten – die Bezahlbarkeit des Wohnraums.[326]

Mit Horst Scherer, dem langjährigen Kämmerer der Gemeinde Haar, kam 1975 ein Finanzexperte in den Aufsichtsrat. In seinen langen Jahren als Aufsichtsratsmitglied engagierte er sich unter anderem als „Sprachrohr" für die Haarer Genossen. 1997 wechselte er als direkter Nachfolger der Vorstände Georg Bloss (1971–1991) und Rudolf Reitsam (1991–1997) in den Vorstand, in dem er bis 2012 wirkte.

Zur neuen Generation im BWV gehörte auch Max Saxinger, der als Aufsichtsrat (1976–1984) und besonders als langjähriger Vorstand von 1984 bis 2011 die Genossenschaft mit großem ehrenamtlichem Engagement prägte. Als Architekt fühlte er sich besonders mit dem historischen Gebäudebestand des BWV verbunden. Saxinger, der selbst in der Rossinistraße aufgewachsen war, war es wichtig, den „Geist der Gründerväter" am Leben zu halten: nicht mit dem Bauen aufzuhören, sondern Verantwortung für die Allgemeinheit zu übernehmen.[327] Dem „Ästhet und Künstler" Saxinger verdankt es die Genossenschaft auch, dass die Häuser und Anlagen nicht allein unter dem Aspekt „Wohnen" zeitgemäß geblieben sind, sondern auch die lange interne Tradition der „Kunst am Bau" nicht verlorengegangen ist.

Bernhard Welker war seit 1976 als Aufsichtsratsmitglied, seit 1995 als Vorstand in der Genossenschaft aktiv. Im Vorstand hatte er das 23 Jahre amtierende Mitglied Christian Rödl ersetzt – mit über 30 Jahren in Aufsichtsrat und Vorstand gehörte Rödl in die Reihe der langjährigsten Gremienmitglieder.[328] Welker war es besonders wichtig, die Mitglieder besser zu informieren und stärker einzubinden.[329] Er setzte sich deshalb auch für die Gründung einer Mitgliederzeitschrift ein. Ein weiterer Bereich seines Engagements war die Einführung der Unternehmensmiete als Grundlage zur Mietberechnung, die für die Genossenschaft noch heute gilt.

## Ein neues Kaufhaus

1978 plante die Kaufhof AG, am Rotkreuzplatz ein neues Kaufhaus zu errichten.[330] Dies betraf die benachbarte Wohnanlage in Neuhausen und insbesondere die Mieterinnen und Mieter an der Pötschnerstraße. Die Pläne von Kaufhof sahen vor, die Ausfahrt der Entladezone in die Pötschnerstraße zu führen. Die Anwohnerinnen und Anwohner aber befürchteten eine starke Zunahme des Verkehrslärms.

Um die Interessen seiner Mieterinnen und Mieter zu schützen, legte der BWV bei den zuständigen Stellen Widerspruch ein. In den darauffolgenden Verhandlungen wollte die Genossenschaft erreichen, dass die Ausfahrt direkt in die verkehrsreichere Donnersbergerstraße gelegt werde. Sei dies nicht möglich, solle sich die Kaufhof AG

Links: Der langjährige Aufsichtsratsvorsitzende Herbert Maier war insgesamt über 42 Jahre im Aufsichtsrat des bwv engagiert.

Rechts: Die Vorstände Bernhard Welker, Max Saxinger und Horst Scherer auf der Mitgliederversammlung im Jahr 2001.

und der Ausfahrt im rechtlichen Rahmen bleiben werden. Für eine spätere, dann vielleicht rechtlich mögliche, Verlegung der Abfahrt in die Donnersbergerstraße werde das Unternehmen Vorkehrungen treffen. Falls die Immissionen in der Pötschnerstraße doch die Grenzwerte übersteigen sollten, werde die Kaufhof AG alle „erforderlichen und zweckdienlichen Maßnahmen" ergreifen.

Die Kaufhof AG stellte der Genossenschaft eine nicht zweckgebundene Sicherheitsleistung von 80.000 DM zur Verfügung. Der BWV plante das Geld für Verbesserungsmaßnahmen an den Häusern Pötschnerstraße 2 bis 8 ein. Die Sicherheitsleistung konnte allerdings zurückverlangt werden, falls die Stadt einer Änderung der Abfahrtregelung nachträglich doch noch zustimmte oder diese anordnen sollte.

Im Gegenzug verpflichtete sich der BWV, den Widerspruch gegen das Bauvorhaben zurückzunehmen und seine Zustimmung zu den Bauplänen durch Unterschrift zu bezeugen. Mit diesem Kompromiss gingen die Verhandlungen zu Ende. Letztendlich erwiesen sich die Befürchtungen als unbegründet: Es sei keine höhere Lärmbelästigung aufgetreten, stellte der BWV in der Generalversammlung 1982 fest.[332]

### Nicht mehr tragfähig – die Messerschmitt-Häuser

Anfang der 1980er-Jahre musste sich die Genossenschaft einem neuen Problem stellen. Der Zustand der sogenannten Messerschmitt-Häuser an der Peter-Auzinger- und Weyarner Straße bot Anlass zur Besorgnis. Sie waren 1950 als Testbauten auf Betreiben der obersten Baubehörde entstanden (siehe Kapitel 3). Nach nunmehr 30 Jahren

zumindest zu einem Zuschuss für lärmdämmende Fenster bereit erklären.

Es wurde bald klar, dass eine direkte Verbindung der Ausfahrt mit der Donnersbergerstraße genehmigungsrechtlich vonseiten der Stadt nicht möglich war. Darauf schlossen der BWV und die Kaufhof AG am 12. Mai 1978 eine Vereinbarung:[331] Laut eines Gutachtens der Technischen Hochschule Darmstadt werde die Lärmbelästigung in der Pötschnerstraße unter den erlaubten Grenzwerten bleiben, daher werde die Ausfahrt in die Straße durchgeführt. Die Kaufhof AG verpflichte sich, dafür zu sorgen, dass die (Lärm-)Emissionen des Ladehofs

hatten sie jedoch das Ende ihrer Nutzungsdauer erreicht. Vor allem die Decken wurden aufgrund der verminderten Tragfähigkeit zu einem ernsthaften Sicherheitsproblem. Der Aufsichtsrat trug dem Vorstand in einer gemeinsamen Sitzung an, sofort die Initiative zu ergreifen.[333]

Im Laufe der Jahre 1980/81 wurde deutlich, dass die Statik der Häuser eine Sanierung nicht mehr zuließ. Damit waren Abriss und Neubau die einzige Alternative. Der BWV schaffte es, die Finanzierung des Projekts zu etwas mehr als 70 Prozent über Staatsdienerdarlehen zu sichern.[334] Die geschätzten Gesamtkosten für das Projekt beliefen sich zu diesem Zeitpunkt auf knapp 12 Millionen DM – davon kamen rund 2,4 Millionen DM aus dem Eigenkapital des BWV.

Im April 1984 begannen die Bauarbeiten. Zu Beginn schritten die Arbeiten gut voran – teilweise waren sie dem Zeitplan sogar zwei bis drei Wochen voraus.[335] Dann setzte jedoch „schlechte Witterung" ein und die Fertigstellung verzögerte sich, sodass der Bezug erst am 1. Oktober bzw. 1. November möglich war.[336]

## Apocalypse now

Die schlechte Witterung im Sommer des Jahres 1984, genauer am 12. Juli, prägte sich vielen Münchnerinnen und Münchnern nachhaltig ein. Der Tag war äußerst schwül gewesen, der Abend noch sommerblau. Plötzlich aber, so erinnerte sich ein Augenzeuge, wurde der Himmel gelb „und draußen im Garten hörten die Vögel mit einem Schlag auf zu singen".[337] Dann brach ein Unwetter los. Erst Regen, dann Hagel, groß wie Tennisbälle. Die Wetterapokalypse dauerte nur wenige Minuten.

Das Ergebnis allerdings war verheerend: gespaltene Bäume, zerschlagene Ziegel, zersplittertes Glas, durchsiebte Autos und Dächer. Der U-Bahnhof Harras war überflutet, die S7-Bahnstrecke lahmgelegt. Das Publikum, das im Gärtnerplatztheater während des Unwetters gerade die Szene in der Wolfsschlucht aus der Oper „Der Freischütz" verfolgte, war von der (vermeintlich) akustischen Untermalung der Szene begeistert – bis die ersten Scherben auf die Bühne klirrten. In München mussten 400 Personen in verschiedenen Krankenhäusern versorgt werden, drei starben.

Mit seinen über die ganze Stadt verteilten Wohnanlagen war auch der BWV stark betroffen. Am 18. Juli, knapp eine Woche nach dem Ereignis, fand die jährliche Mitgliederversammlung der Baugenossenschaft statt. Nach den ersten Berechnungen belief sich der Schaden für die Genossenschaft auf etwa 800.000 DM![338] Ein Bewohner der Schneckenburgerstraße dankte dem BWV für die Hilfe bei der raschen Beseitigung der Hagelschäden. Ganz so schlimm wie die ersten Berechnungen vermuten ließen, war der Schaden schließlich doch nicht. In einer gemeinsamen Sitzung Mitte November 1984 stellten Aufsichtsrat und Vorstand fest, dass sich die tatsächlichen Kosten der Schadensbehebung auf 620.000 DM verringert hatten.[339] Allerdings musste der BWV die Summe alleine tragen.

## Umzug und Zukunftspläne

Anfang der 1980er trat das Gebäude an der Kaulbachstraße 95 in den Fokus. Die Genossenschaft begann hier mit einem kleineren Ausbauprojekt im Dachgeschoss im Umfang von vier neuen Wohnungen.[340] Außerdem hatte die

Betriebskasse der Bayerischen Staats-bauverwaltung gewerbliche Räumlich-keiten im ersten Stock gemietet.[341] Im April 1983 lief der Vertrag über diese Geschäftsräume aus. Aufsichtsrat und Vorstand beschlossen, die frei werden-den Büroräume in Zukunft für den BWV selbst zu nutzen. Mit der wachsenden Verwaltungsarbeit der vorherigen Jah-re waren die ursprünglichen Räume in der Liebigstraße 43 zu klein geworden. Die Kaulbachstraße bot im Vergleich zu dem alten Büro etwa 70 Quadratmeter mehr Platz. Die neue Geschäftsstelle lag darüber hinaus verkehrsgünstig an der U-Bahnhaltestelle Giselastraße.

Wollte der BWV auch weiter sei-ner Aufgabe als Baugenossenschaft gerecht werden, dann war es dringend geraten, neue Bauprojekte in Angriff zu nehmen. Dafür bot sich vor allem die Wohnanlage Haar an. Das dortige Ge-lände war bis dahin nur sehr dünn be-baut. Zu Beginn der 1980er-Jahre debat-

In der Kaulbachstraße 95 befindet sich seit 1983 die Geschäftsstelle des bwv.

tierten Aufsichtsrat und Vorstand über Pläne für die „bessere Nutzung des Ge-ländes".[342] Allerdings ging man davon aus, dass das Projekt nicht in absehba-rer Zeit begonnen werden könnte – in der Regel würde die Ausarbeitung der ersten Pläne bereits zwei bis drei Jahre dauern. Zumal mit dem Abriss und der Schaffung eines Ersatzes der „Messer-schmitt-Häuser" die Arbeitskapazitä-ten der Genossenschaft ausgeschöpft waren.

## Der Verkauf der Flemingstraße

Bestandserweiterung und -erhalt – das waren seit Gründung des BWV Kern-aufgaben der Genossenschaft. Im Lau-fe der Jahre verlagerte sich der Schwer-punkt immer weiter in Richtung der Instandhaltung. Allerdings musste der Beamtenwohnungsverein auch dafür Sorge tragen, dass das Prinzip, den Häuserbestand zu erhalten, nicht zum Selbstzweck wurde. Gebäude, die sich nicht mehr rentabel bewirtschaften lassen, werden auf Dauer zur Belas-tung für alle Mitglieder. Einen solchen Fall stellten vier Häuser an der Fle-mingstraße 18 bis 24 dar.

Die Häuser stammten aus den An-fangsjahren der Genossenschaft. Sie waren 1927/28 gebaut worden – als Ein- bzw. Zweifamilienhäuser. Bereits zu diesem Zeitpunkt fielen sie aus dem Rahmen, da der BWV in erster Linie Mehr-parteien-Mietshäuser errichten ließ. Sie blieben eine Ausnahmeerscheinung. Im Krieg wurden die Häuser stark beschä-digt. Beim Wiederaufbau legten die Be-wohnerinnen und Bewohner in erster Linie selbst Hand an.

Gegen Ende der 1980er-Jahre muss-ten Aufsichtsrat und Vorstand feststel-len, dass die Wohnanlage mittlerweile „völlig unrentabel [...]" war.[343] Obwohl nicht explizit erwähnt, ist zu vermuten, dass notwendige Sanierungsmaßnahmen hohe Kosten verursacht hätten. Entsprechend begann der BWV mit Sondierungen über den Verkauf. Bis zum 11. Oktober 1989 lagen bereits sieben unverbindliche Angebote zwischen 3 bis 3,5 Millionen DM vor. Bedingung war jedoch, dass das Grundstück beim Kauf bereits entmietet sei und eine Abbruchgenehmigung vorliege.[344] Die Mieterinnen und Mieter sollten überzeugt werden, freiwillig von ihren Verträgen zurückzutreten – gegen eine Abfindung. Die Abbruchkosten für die Gebäude schätzten Aufsichtsrat und Vorstand auf 150.000 DM.[345]

Bis zum 31. Dezember 1990 waren die vier Häuser einschließlich der vier Garagen laut Prüfungsbericht verkauft.[346] Der Erlös aus dem Verkauf der „völlig unrentablen Wohnanlage Flemingstraße" sollte für Eigenleistungen bei geplanten Neubauten, zur Abzahlung von Darlehen und für Modernisierungsmaßnahmen verwendet werden.

Der Modernisierungsaufwand war auch ohne die Häuser in der Fleming-straße Ende der 1980er-Jahre noch sehr hoch. Für Einzelmodernisierungen wandte die Genossenschaft im Jahr 1989 insgesamt 426.900 DM auf.[347] Im Jahr darauf belief sich die Summe auf 798.600 DM. Außerdem führte der BWV auch Generalmodernisierungen in ganzen Wohnanlagen durch: Diese umfassten beispielsweise den Einbau von Zentralheizungen oder die Umsetzung neuer Vorgaben zur Wärmedämmung. Die finanziell umfangreichste Gesamt-sanierung in den Jahren 1989/90 fand in der Wohnanlage an der Impler-/Danklstraße statt. Die Maßnahmen für die insgesamt 75 Wohneinheiten der Anlage beliefen sich auf über eine Million DM. Daneben sanierte die Genossenschaft noch 27 Wohnungen in der St.-Konrad- und Schillerstraße, 42 in der Kreittmayr- und Lothstraße, 20 in der Goethe- und Schillerstraße, insgesamt 96 Wohneinheiten in der Appenzeller Straße, 70 in der Clemens-, Ansprenger- und Rossinistraße und schließlich noch 114 in der Lothstraße. Die Gesamtkos-ten für die Generalsanierungen 1989/90 lagen bei 2.358.100 DM.[348]

## Das Ende der Gemeinnützigkeit

### Der Wegfall des „WGG"

Die 1990er begannen nicht nur für den Beamtenwohnungsverein mit einem gesetzlichen Einschnitt, der vielen als Bedrohung für das soziale Wohnen in der Bundesrepublik erschien. Alle deutschen Baugenossenschaften und auch die gemeinnützigen Wohnungs-AGs und -GmbHs waren zum Jahreswechsel 1989/90 vom Wegfall des Wohnungsge-meinnützigkeitsgesetzes (WGG) betroffen. Dieses „Gesetz über die Gemein-nützigkeit im Wohnungswesen" war am 29. Februar 1940 vom Reichsminis-terium des Innern erlassen worden.[349] Es war eine Zusammenfassung aller diesbezüglich bereits geltenden Geset-ze und Verordnungen, die größtenteils bereits seit der Weimarer Republik be-standen.

Das Gesetz bekräftigte unter ande-rem die Verbindung der Gemeinnützig-keit mit der fortdauernden Baupflicht einer Genossenschaft.[350] Wohnungsgrö-ßen waren an den sozialen Zweck angepasst und die maximale Kapitalrendite lag bei vier Prozent. Hielt sich ein Unternehmen an diesen gesetzlichen Rahmen, hatte es Anspruch auf staatliche Förderung, beispielsweise durch Steuererleichterungen.[351]

Das WGG galt auch nach Kriegsende in der Bundesrepublik weiter. Bis Ende 1989 bildete es eine der maßgeblichen Säulen für den sozialen Wohnungsbau in Deutschland. Bereits in den 1980ern begannen allerdings die politischen Diskussionen um das Gesetz. Als auch noch ein Korruptionsskandal innerhalb des größten gemeinnützigen Wohnungsunternehmens, der „Neuen Heimat", an die Öffentlichkeit kam, konnten sich die Kritiker des Gesetzes durchsetzen. Zum 1. Januar 1990 wurde es ersatzlos abgeschafft.

Gleichzeitig blieb die soziale Aufgabe der nun ehemalig gemeinnützigen Wohnungsunternehmen bestehen. Viele Wohnungen befanden sich auch weiterhin in sozialer Bindung, das heißt, ihre Vergabe und Nutzung blieb an bestimmte Bedingungen geknüpft.

Der Wegfall der Gemeinnützigkeit stellte sich nach seiner tatsächlichen Einführung nicht als der befürchtete tiefe Einschnitt heraus. Die Baugenossenschaften hatten die Möglichkeit, sich zwischen verschiedenen Rechtsformen für die zukünftige Organisation zu entscheiden. Die meisten entschieden sich, in Zukunft als „Vermietungsgenossenschaft" zu operieren – so auch der BWV. Bei einer Vermietungsgenossenschaft steht die Nutzungsüberlassung von Wohnungen an die Mitglieder im Mittelpunkt.[352] Solange nicht weniger als 90 Prozent der Einnahmen aus der Vermietung von Wohnraum an die Mitglieder entstehen, ist die Genossenschaft für diese Einnahmen steuerbefreit. Die restlichen zehn Prozent dürfen – steuerpflichtig – gewerblich

vermietet werden. Unter diesen Umständen konnte der BWV seine Steuerbefreiung bis heute erhalten.[353]

## Ein neuer Geschäftsführer

Die Umstellungen nach dem Wegfall des WGG und die Bestandsergänzung der Wohnanlage in Haar waren die beiden ersten größeren Aufgaben des neuen Geschäftsführers Harald Stebner. Stebner, gelernter Fachwirt für Wohnungswirtschaft, hatte sich 1988 als stellvertretender Geschäftsführer beworben.[354] Aufsichtsrat und Vorstand beschlossen im Rahmen einer gemeinsamen Sitzung am 12. Oktober seine Einstellung zum 1. Januar 1989, zunächst als Vorstandsassistent und stellvertretender Geschäftsführer. Nach dem plötzlichen Tod des damaligen Geschäftsführers Alfred Jetzinger aber wurde Stebner bereits am 20. Juni 1989 zu dessen Nachfolger.[355] Zu diesem Zeitpunkt hatte er für den BWV etwa 1.500 Wohnungen zu betreuen.[356] Diese Zahl sollte sich in den Folgejahren nochmal deutlich erhöhen: zum einen durch die Fertigstellung der Gartenhofsiedlung in Haar, zum anderen durch verschiedene Dachgeschossausbauten.

Die Nachverdichtung der Siedlung in Haar war bereits in den 1960er- und 1970er-Jahren immer wieder diskutiert worden. Mit Beginn der 1980er-Jahre konkretisierten sich die Pläne der Genossenschaft. In der Pressemitteilung vom Oktober 1991 hieß es: „Der von der Gemeinde Haar aufgestellte Bebauungsplan Nr. 118 eröffnete dem Beamtenwohnungsverein die Möglichkeit, in dem großzügigen Hof- und Gartenbereich zwischen bestehenden Wohngebäuden, die ebenfalls im Eigentum des Beamtenwohnungsvereins sind, in sogenannter ‚nachverdichteter Be-

bauung' weitere Wohngebäude zu erstellen.

Die vom Architekturbüro Goergens und Miklautz erstellte Planung ermöglichte die Genehmigung zum Bau von

- 75 Wohnungen
- 9 gewerblichen Einheiten
- 135 Tiefgaragenplätzen und
- 34 ebenerdigen PKW-Stellplätzen."[357]

(siehe Textkasten am Ende des Kapitels)

**Alte Traditionen – neue Herausforderungen**

Auch wenn das Gefühl des Wandels innerhalb der genossenschaftlichen Organisation in den 1990er-Jahren spürbar war, blieben doch einige Traditionen innerhalb des BWV erhalten. In den 1920er-Jahren hatte es ein Verteilungssystem für die Wohnungen gegeben: die Bedürftigkeit wurde nach einem Punkteschlüssel für jede einzelne Bewerberin bzw. jeden einzelnen

Bewerber ermittelt (siehe Kapitel 1). Da in den 1990ern die Anzahl der gebundenen Wohnungen abnahm, beschloss die Genossenschaft am 23. März 1992 neue Grundsätze für die Vergabe der nicht gebundenen Wohnungen.[358] Darin staffelten Aufsichtsrat und Vorstand die Regelungen, nach denen Bewerberinnen und Bewerber zu einer neuen Wohnung berechtigt waren.

An erster Stelle der Vergabeliste standen nun „Bewerber, die eine nicht gebundene Wohnung (insbesondere eine größere Wohnung gegen eine kleinere) tauschen wollen". War für die betreffende Wohnung kein solcher Bewerber vorhanden, dann ging sie an die Interessentin bzw. den Interessenten mit der jeweils längsten Wartezeit. Dabei hatten Beamtinnen und Beamte sowie Angestellte im aktiven Dienst den Vorzug vor denjenigen, die bereits aus dem aktiven Dienst ausgeschieden waren. Besondere Dringlichkeit galt, wenn die Bewerberin bzw. der Bewerber von außerhalb Münchens oder Haar zuzog. Dieses Kriterium hebelte

Richtfest zum 2. Bauabschnitt der Nachverdichtung in der Gartenhofsiedlung Haar 1991.

104

auch die längere Wartezeit eines et-
waigen anderen Interessenten aus. Allerdings begann die Bewerbungsfrist
nach dreimaliger Ablehnung einer vom
BWV angebotenen Wohnung neu zu
laufen.

## Satzungsänderungen

Immer wieder bemühte sich die Genossenschaft, ihre Satzung an die Verhältnisse der Zeit anzupassen. Von
einer Satzungsänderung im Juli 1993[359]
profitierten die Nachkommen von Mitgliedern. Abkömmlinge ersten Grades
mussten bis zu dieser Änderung ebenfalls Beamtinnen und Beamte werden,
um die Wohnung ihrer Eltern zu übernehmen – wenn sie nicht als volljähri-
ge Waise einen Härtefall geltend machten. Die neue Regelung sieht vor, dass
die Kinder eines Mitglieds, die in der genossenschaftlichen Wohnanlage aufgewachsen sind, nun auch unabhängig
von einem Beamtenstatus aufgenommen werden können.[360] Ein wichtiger
Punkt, der nach Ansicht von Geschäftsführung, Aufsichtsrat und Vorstand für
die damalige Änderung sprach, war die
Erwartung, dass diese „neuen" Mieter
bereits mit den Regeln und Gepflogen-
heiten des BWV vertraut seien. Sie würden die Hausordnung, den Aufsichtsrat
und Vorstand, die Strukturen und die
Nachbarn kennen und seien an ein „ge-
nossenschaftliches" Denken gewöhnt.
Allerdings müssen auch sie den
Auswahlprozess der Genossenschaft
durchlaufen (Bewerberliste) und ebenfalls Mitglieder werden, denn die Vermietung an Nicht-Mitglieder wäre
steuerpflichtig. Die neue Regelung
fand großen Zuspruch. Bereits anlässlich der 65. ordentlichen Mitgliederversammlung am 13. Juli 1994 stellte das
Gremium fest, dass sehr viele Mieter

Anträge auf Mitgliedschaft ihrer Kinder gestellt hätten. Die Bearbeitung
laufe, mit praktischen Ergebnissen sei
allerdings erst zu rechnen, wenn wieder Wohnungen frei werden würden.[361]
Dieselbe Satzungsänderung sah
auch eine neue Regelung im Falle von
Ehescheidungen vor.[362] Hier sieht sich
die Genossenschaft bis heute in erster
Linie dem Wohl des Kindes verpflichtet: Statt die Wohnung in jedem Fall
dem ursprünglichen Mitglied weiter
zu überlassen, darf nun im Falle einer
Scheidung die Person die Wohnung
übernehmen, die die Erziehung der
Kinder übernimmt. Er oder sie wird
dann neuer Vertragspartner. Meistens
handelt es sich um die Mutter. Das ursprüngliche Mitglied muss seine Mitgliedschaft aufgeben.

## Die erste Frau im Aufsichtsrat

Bereits in den 1920er-Jahren wurde die
Rolle der Frau innerhalb der Genossen-
schaftsorgane thematisiert – allerdings
eher kurz. Mehr als 60 Jahre später, anlässlich der Generalversammlung am
27. Juni 1989, wandte sich das Mitglied
Stefanie Schmid-Burgk an die Versammlung und regte an, bei der nächsten
Wahl auch eine Frau in eines der Organe zu wählen, da sich der gesamte Aufsichtsrat und Vorstand ausschließlich
aus Männern zusammensetze.[363]
Aufsichtsratsvorsitzender Herbert
Maier teilte mit, dass „in den beiden
Gremien keine Bedenken gegen Frauen
vorlägen". Allerdings müssten vor einer
Wahl die entsprechenden Statuten der
Satzung berücksichtigt werden. Die
Kandidatin benötige eine geeignete
Bewerbung und einen Wahlvorschlag
mit den Unterschriften von 40 Mitglie-
dern. Entsprechend dauerte es noch ein
Jahr, bis mit Stefanie Schmid-Burgk die

erste Frau in den Aufsichtsrat einzog – zunächst noch als Ersatzfrau.[364] In der nächsten Versammlung am 26. Juni 1991 wurde sie vollwertiges Aufsichtsratsmitglied.[365] Heute sind von zwölf Aufsichtsratsmitgliedern vier weiblich.[366]

Die stärkere institutionelle Einbindung der Frauen im Aufsichtsrat, die hier eingefordert und umgesetzt wurde, lief in seiner Entwicklung parallel zu den verstärkten Bemühungen um die Gleichstellung von Frau und Mann in den 1990ern. So wurde beispielsweise 1992 Heide Simonis zur ersten weiblichen Ministerpräsidentin in einem deutschen Bundesland (Schleswig-Holstein).[367] 1994 wurde Artikel 3, Absatz 2 des Grundgesetzes, der die Gleichheit von Frau und Mann festschreibt, erweitert durch den Zusatz: „Der Staat fördert die tatsächliche Durchsetzung der Gleichberechtigung von Frauen und Männern und wirkt auf die Beseitigung bestehender Nachteile hin." Im gleichen Jahr trat das zweite Gleichberechtigungsgesetz in Kraft. Es umfasste unter anderem das Frauenförder-

gesetz, das die bessere Vereinbarkeit von Familien- und Berufsleben ermöglichen sollte, eine Verschärfung des Benachteiligungsverbots im Arbeitsleben und das Beschäftigtenschutzgesetz, das sexueller Belästigung am Arbeitsplatz einen Riegel vorschieben sollte. Wenn auch nur im Kleinen, so spiegelt sich die Entwicklung im BWV in diesen größeren Zusammenhängen wider.

## Thema Müll

Ein weiteres Thema der 1990er-Jahre war der Müll bzw. dessen Beseitigung. Zu Beginn der Geschichte des Beamtenwohnungsvereins bestand der Abfall, der in einem typischen Haushalt anfiel, in der Regel aus kompostier-, verfütter- oder verbrennbarem Hausmüll. Einzig die Beseitigung der Asche aus den Küchenherden und Wohnungsöfen stellte ein Problem dar – wegen der Feuergefahr musste die Asche in metallene Tonnen umgefüllt werden. Nicht umsonst liest man von dieser Zeit ausge-

Innenhof im Jahr 2020, in der Peter-Auzinger-Straße.

hend noch lange statt von Müll- von Aschentonnen.

Mit dem Wirtschaftswunder und dem steigenden Konsum entstand immer mehr Verpackungsmüll. In München ging die Stadtverwaltung von Müllgruben über die erste Müllverwertungsanlage (zur Aussonderung von Metallen, Textilien oder Papier) und Mülldeponien in den 1960er-Jahren vermehrt zu Verbrennungsanlagen über.[368] Deren Kapazität versuchte man nun bis in die 1980er-Jahre immer weiter zu steigern, um mit den wachsenden Müllbergen Schritt halten zu können. Erst 1986 stellte man mit einem neuen Konzept die Verwertung und Vermeidung von Müll in den Fokus. Deutschlandweit kam 1991 das duale System auf, das auch den Handel für die Beseitigung des Verpackungsmülls zur Verantwortung zieht. Seitdem gibt es den grünen Punkt und die damit versehenen Verpackungen werden separat gesammelt. 1992 bekam der Münchner Stadtteil Berg am Laim als erster Bezirk neue Tonnen für Bio- und Papiermüll.

1999 wurde dann die Mülltrennung auf drei Tonnen zum flächendeckenden Standard in der ganzen Stadt.

Entsprechend wurde die Thematik auch im BWV besprochen. In der Mitgliederversammlung am 30. Juni 1992 führte ein Mieter aus, verschiedene Mitglieder hätten das Anliegen, den Hausmüll in Zukunft nach Materialien sortiert und geordnet zu entsorgen.[369] Der Vorstand erklärte darauf, dass im Augenblick die Trennung des Mülls noch keinen Sinn ergeben würde, weil die Stadt darauf noch nicht eingerichtet sei. Auch die Neufassung der Hausordnung 1999 griff das Thema „Müll" wieder auf. Die Differenzierung zwischen den einzelnen Abfallarten zeigt, dass hier ein neues Problembewusstsein entstanden war. Die genossenschaftsinterne Zeitschrift *bwv aktuell* vom Dezember 1999 führte aus: „Wo früher pauschal von ‚Asche, Kehricht und Abfällen' die Rede war, wird nun genau zwischen ‚Wertstoffen', ‚Restmüll', ‚Sperrmüll' und ‚Sondermüll' sowie den verschiedenen Entsorgungsarten unterschieden."[370]

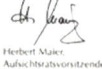

## Eine Zeitschrift für die Mitglieder

Ende des Jahre 1998 hatte die Genossenschaft ein neues Medium zur Kommunikation mit seinen Mitgliedern eingeführt: Zwei Mal im Jahr erscheint seitdem die Zeitschrift *bwv aktuell*. Die Zeitschrift berichtet über wichtige Ereignisse des vergangenen halben Jahres, aber auch über geplante und anstehende Entwicklungen innerhalb der Genossenschaft. Die Redaktion übernahm Claudia Welker-Sebald.

Die Einführung des neuen Mediums spiegelte ein neues Verhältnis des BWV zu seinen Mitgliedern wider. Ziele waren eine offene Kommunikation und die Stärkung des Genossenschaftsgedankens.

Die *bwv aktuell* enthält eine Mischung aus aktuellen Berichten, Rückblicken und Ausblicken sowie Personalien. 1999 wurden beispielsweise die neue Hausordnung und die neue Satzung vorgestellt und erklärt. Auch Neuerungen wie die Mülltrennung konnten den Mitgliedern auf diesem Weg nähergebracht werden. Die neue Zeitschrift wurde von den Mitgliedern sehr positiv aufgenommen.[371]

## Zukunftsperspektiven um die Jahrtausendwende

### Eine neue Generation von Mieterinnen und Mietern

Nicht alle Veränderungen wurden von den Mitgliedern so begeistert aufgenommen wie die interne Zeitschrift. Insbesondere waren Mieterhöhungen ein Aspekt, bei dem zwischen der Verwaltung der Genossenschaft auf der einen und den Mieterinnen und Mietern auf der anderen Seite unterschiedliche Ansichten herrschten. Nach der Sanierung von Wohnungen erhöhte sich der Mietpreis pro Quadratmeter. Während der Mitgliederversammlung 1996 führten Aufsichtsrat und Vorstand aus, man habe seit 1971 insgesamt 81,1 Millionen DM für Instandhaltungen und Modernisierungen ausgegeben.[372] Aufsichtsratsvorsitzender Herbert Maier erklärte die Situation in der Einleitung zur Jubiläumspublikation 1996: „Unsere Mietenpolitik in der Zukunft wird sehr stark von Faktoren geprägt, auf die wir als Genossenschaft keinen Einfluß haben." Grund hierfür waren insbesondere rechtliche Vorgaben, die die Sanierungen aufwendiger und teurer machten, ebenso die steigenden Material- und Arbeitskosten. Dennoch hieß es: „Der BWV wird seine Aktivitäten in den nächsten Jahren noch mehr auf die Instandhaltungen und Wertverbesserungen legen müssen."[373]

Mit einem gewissen Bedauern stellte Maier einen Wandel in der Beziehung der Mitglieder zum BWV fest: „Es ist nicht zu übersehen, daß die Wohnungsinhaber im BWV in steigendem Maße nur den ‚Hausherrn' sehen, das Zusammengehörigkeitsgefühl in einer Genossenschaft aber immer mehr in den Hintergrund tritt."[374] Zum Teil war dies bedingt durch einen Generationenwechsel. 1999, passend zum neuen Jahrtausend, hatte der BWV eine Arbeitsgruppe „Zukunft" gebildet. Neben Stebner als Geschäftsführer gehörten auch die drei Vorstände Saxinger, Scherer und Welker sowie Aufsichtsratsvorsitzender Maier und drei weitere Aufsichtsratsmitglieder der Gruppe an.

Die Arbeitsgruppe lieferte als Ergebnis einen Bericht ab, in dem es unter anderem hieß: „Die Entspannung auf dem Wohnungsmarkt zeigt sich auch dadurch deutlich, daß die Ansprüche der Mieter heute höher gestellt werden, als dies noch vor wenigen Jahren der Fall war. Das gilt sowohl für die Ausstattung der Wohnungen, das Umfeld als auch die Lage der Wohnanlage bzw. der Wohnung selbst. Die jüngeren, neu […] zuwachsenden Mitglieder sind nicht mehr bereit zu den bisherigen Bedingungen eine Wohnung anzumieten."[375]

Tatsächlich hatte sich der Anspruch an den Wohnstandard sehr gewandelt. Standen früher hauptsächlich bauliche Aspekte wie das Baualter, Raumgröße und -anzahl sowie sanitäre Anlagen im Vordergrund, kamen für Wohnungssuchende nun auch neue Aspekte zum Tragen. Insbesondere die „Wohnumwelt" entwickelte sich zum wichtigen Kriterium. Die Frage der infrastrukturellen Anbindung, die Nähe von Parkplätzen, Einkaufsmöglichkeiten, Ärzten und Schulen/Kindergärten hat bis heute essenzielle Bedeutung bei der Wohnungssuche. Auch der Anspruch an die Wohnungsausstattung selbst war gestiegen.

## Pläne für den Fortbestand

Konkrete Neubaumaßnahmen sollte die Genossenschaft nach Ansicht der Arbeitsgruppe „Zukunft" nicht anstreben. Ein Grund dafür war der Mangel an geeigneten Bauflächen. Mit der Bestandsergänzung der Gartenhofsiedlung in Haar hatte die Genossenschaft ihre letzte größere Reserve bebaut. Die Situation Ende der 1990er-Jahre – hohe Bau- und Grundstückskosten sowie der anstehende finanzielle Bedarf für Renovierungen und Modernisierungen – ließ Neubauten nicht lohnend erscheinen. Darüber hinaus war zu diesem Zeitpunkt die Nachfrage nach Wohnungen innerhalb der Genossenschaft nicht stark genug, um neue Projekte voranzutreiben – eine aus heutiger Kenntnis der Münchner Verhältnisse schwer vorstellbare Situation.

Die einzige realistische Möglichkeit der Erweiterung boten Dachgeschossausbauten; diese ließen sich gleichzeitig mit einer sowieso notwendigen Dachsanierung durchführen. Aber auch hier, so die Empfehlung,

sollte der Ausbau nur dann erfolgen, wenn es sich ausdrücklich anbot – und die Statik eine Umsetzung ohne größeren Finanzaufwand zuließ.

Die Mitglieder der Arbeitsgruppe planten keine Erweiterung des Wohnungsbestands durch Kauf. Jedoch kam auch ein Verkauf von Häusern der Genossenschaft für sie nicht in Frage.

### Der bwv und der freie Wohnungsmarkt

Insgesamt betrachtet, so stellte die Arbeitsgruppe fest, habe sich die Situation am Wohnungsmarkt in den letzten Jahren grundlegend geändert: „Während seit Kriegsende bis vor wenigen Jahren der Wohnungsmarkt im Raum München von Wohnraum-Mangel geprägt war, kann heute der Mieter wählerisch sein. Die großen Anstrengungen im freien Wohnungsbau, der Abzug von amerikanischen Wehrmachtsangehörigen[376] und die dadurch frei werdenden Wohnanlagen sowie der Wohnungsbau im verkehrsgüns-

tigen S-Bahn-Bereich haben den Wohnungsmarkt entspannt. Hinzu kommt, daß nach den Vorstellungen der Stadt München in den nächsten Jahren weitere zigtausend Wohnungen neu gebaut werden sollen."

Dabei sparte die Genossenschaft auch nicht mit Selbstkritik. Die Arbeitsgruppe kam zur Ansicht, dass die in der Vergangenheit hohe Nachfrage nach

Wohnungen dazu geführt habe, Kundenorientierung und Qualitätswettbewerb aus den Augen zu verlieren. Es gelte, sich von der früheren Vorstellung zu lösen, ein „Organ der staatlichen Wohnungsfürsorge" zu sein.[377] Gefordert wurde ein neues Erscheinungsbild, das zukunftsgerichtet sein sollte und „für die nächsten 20–30 Jahre Bestand haben" könne. „Ziel des Unternehmens [...] ist es, seinen Mitgliedern ein angenehmes Wohnen bei solider, zeitgemäßer Ausstattung der Wohnungen zu günstigen Mieten auf Dauer zur Verfügung zu stellen. Die Begriffe: ‚kostengünstig, solide, verläßlich und berechenbar' sind dafür Leitlinie. Das heißt Erhaltung und Vermehrung unseres Wohnungsbestandes, wobei der Erhaltung Priorität zukommt." Die Genossenschaft würde sich in Zukunft als Dienstleister definieren.

Entsprechend – so die Ansicht der Arbeitsgruppe „Zukunft" – musste das äußere Erscheinungsbild und die innere Einstellung der Genossenschaft zu einem gewissen Grad geändert werden. Ziel war ein „zeitgemäßes und [seiner] Stellung angemessenes" neues Image – „weg von der konservativen Form, aber auch nicht hypermodern". Das Akronym bwv wurde ab diesem Zeitpunkt, also ab dem Jahr 1999, klein geschrieben und erhielt neben der ursprünglichen Bedeutung „Beamtenwohnungsverein" eine neue inhaltliche Zuschreibung: „bezahlbarem wohnen verpflichtet".

Dessen eingedenk kam die Arbeitsgruppe zum Ergebnis, dass „der Fortbestand des bwv in den nächsten Jahren – der vorhersehbaren Zeit – [...] in keiner Weise in Frage gestellt [ist]. Der bwv verfügt über solide finanzielle Grundlagen. Es ist aber – nunmehr neun Jahre nach dem Wegfall der Gemeinnützigkeit – an der Zeit, sich über die künftige Geschäftspolitik des bwv Gedanken zu machen und diese festzulegen."

## Die Gartenhofsiedlung Haar – Nachverdichtung im Grünen

Der bwv besaß in der Gemeinde Haar durch die „Verschmelzung" mit der Baugenossenschaft Haar seit 1942 einige Häuser und ein unbebautes Grundstück. Am interessantesten an diesem Bestand war sicherlich der Grund zwischen der Wasserburger Straße, der Leibstraße und der damaligen Franz-von-Epp-Straße, der heutigen St.-Konrad-Straße. Damals war das Areal sehr großzügig bebaut worden, die Grundstücke umfassten je ein „Wohnhaus mit Stall und Hofraum und Garten".[378] Im Gegensatz zu den anderen Liegenschaften in Haar, die in den 1970er-Jahren abgerissen und neu gebaut wurden, sind diese Häuser bis heute erhalten und liegen inzwischen in einer der großen Wohnanlagen des bwv, der sogenannten Gartenhofsiedlung Haar.

Bereits in der Nachkriegszeit konnte der bwv in unmittelbarer Nachbarschaft zu den bestehenden Häusern bauen: Auf von der oberbayerischen Regierung überlassenen Grundstücken entstanden 1950 in der Schiller- und der Goethestraße zwei Doppelhäuser.[379] Kurz darauf erbaute der bwv die zwei Reihenhauszeilen in der St.-Konrad-Straße.

Zwischen den Häusern lag immer noch viel unbebauter Grund. Damit waren hier die besten Voraussetzungen für eine Nachverdichtung vorhanden, wie sie in und um München aufgrund fehlenden Baulandes immer häufiger wurde. In einem ersten Schritt entstand 1989/90 in der Schillerstraße 3 ein Haus mit sechs Wohnungen. Ein Jahr später, 1991, genehmigte die Gemeinde Haar den umfangreichen „Bebauungsplan 118". Der Plan sah den Bau von neun Häusern mit 69 Woh-

nungen, 10 gewerblichen Einheiten und 135 Tiefgaragenstellplätzen vor. Natürlich stieß die geplante Bestandsergänzung nicht nur auf Begeisterung. Einige Bewohnerinnen und Bewohner waren besorgt: „Im Augenblick ist es noch möglich, daß sich die Bewohner der Wohnanlage in den Innenraum (Gärten und Grünanlagen) zurückziehen können, der durch die Gebäude vom Verkehrslärm der Hauptstraßen abgeschirmt ist. Durch die möglichen Baumaßnahmen geht ein Großteil dieser Fläche verloren."[380]

Das ursprünglich für die Nutztierhaltung und den Gartenbau gedachte Gebiet war allerdings „zunehmend verwildert", wie es die Mitgliederzeitschrift *bwv aktuell* beschrieb. Seit den 1960er-Jahren hatte die Genossenschaft deshalb überlegt, die freien Flächen zu bebauen.[381] Der Bebauungsplan des Architekturbüros Goergens und Miklautz bezog nun die vorhandenen Häuser und den ursprünglichen Charakter der Siedlung in die Planung mit ein. Die modernen Gebäude orientierten sich im Stil an den bestehenden Häusern, die Höfe wurden mit Grünanlagen, Spielplätzen und Mietergärten ansprechend gestaltet. Unter der Wohnanlage entstand eine Tiefgarage, die so angelegt wurde, dass, wie beim Richtfest betont wurde, „die Benutzer keine Angst haben müssen"[382].

Im Frühjahr 1991 begann der bwv mit dem Bau der Gartenhofsiedlung, zum Jahresende 1992 konnten die ersten 24 Wohnungen übergeben werden, Ende 1993 die restlichen 45 Wohnungen, die gewerblichen Einheiten und die Tiefgarage. Finanziert wurden die Gebäude mit Wohnungsfürsorgemit-

Idylle in der Gartenhof-
siedlung Haar.

teln des Freistaats Bayern. Das Bele-
gungsrecht übt die Bezirksfinanzdirek-
tion München aus.[383]

Knapp zwei Jahrzehnte später
baute die Genossenschaft erneut in
der Siedlung. Die fünf Reihenhäuser in
der St.-Konrad-Straße 8 und 8a, 10 und
10a sowie Schillerstraße 2 ließen sich
nicht mehr rentabel sanieren. Die Miete wäre nach den dringend notwendigen Maßnahmen zu hoch geworden.[384]
Ein Abriss mit anschließendem Neubau
ließ sich wirtschaftlicher realisieren,
und so wurden die Wohnungen in diesem Block nicht mehr neu vermietet.
Zum Jahresende 2010 standen sämtliche Wohnungen leer, im Mai 2011
wurden die Gebäude abgerissen und
bereits im Juli desselben Jahres konnte
mit dem Neubau begonnen werden. Im
Februar 2013 waren die 24 Wohnungen
in zwei Gebäuden bezugsfertig.[385] Sie
boten ein Drittel mehr Wohnraum als
vorher sowie barrierefreies Wohnen
durch Aufzüge und schwellenfreie Zu-
gänge. Auch energietechnisch waren
die Gebäude auf dem neuesten Stand:
Die fertiggestellten Häuser sind sogenannte KfW-70-Effizienzhäuser, d.h. sie
sparen 30 Prozent an Energie im Vergleich zu einem Standardhaus (nach
Energieeinsparverordnung).

Zwischen 2014 und 2017 fand in
der Gartenhofsiedlung eine umfangreiche Sanierung in drei Phasen statt.
Im Mai 2014 begannen die Maßnahmen
an den beiden Häusern Wasserburger
Straße 7c und d.[386] Danach nahm sich
der ausführende Architekt Martin
Wäsler die zwei Parallelblöcke Was-
serburgerstraße 11b und c sowie 13b
und c vor.[387] Bis Ende 2015 waren hier
die energetischen Sanierungen (unter
anderem Einrichtung einer bedarfs-
gesteuerten Lüftungsanlage, Einbau
von energieeffizienten Kunststoff-
fenstern mit Drei-Scheiben-Isolierver-
glasung) abgeschlossen.[388] Im Frühjahr
2017 setzte der bwv die dritte Sanie-
rungsphase in der Gartenhofsiedlung
an. Diesmal waren die Häuser in der
St.-Konrad-Straße 14a–d und 16–16b
betroffen.[389] Zusätzlich zu diesen Maßnahmen bekamen die Mieter in der
Schillerstraße 4 und 4a sowie in der
Goethestraße 4 und 4a die Möglichkeit,
einen Antrag auf den Anbau von Balkonen zu stellen.[390] Die Mehrheit nahm
das darauffolgende Angebot des bwv
an, Terrassen und Balkone gegen eine
entsprechende Erhöhung der Miete an-
zubringen.

Ein Bewohner fasst das Lebens-
gefühl in der Gartenhofsiedlung so zusammen: „Ringsum ist alles grün, die
Nachbarn sind nett und wir fühlen uns
einfach sauwohl."[391]

In der Gartenhofsiedlung
wird sogar eigenes
Gemüse angebaut

Kinderspielplatz in
der Pötschnerstraße.

**5**

100 Jahre bwv
*Konzepte für Gegenwart und Zukunft*
*(2000 – 2021)*

## Ins nächste Jahrtausend

Der Jahrtausendwechsel war, insbesondere ab Herbst 1999, weltweit in den Medien und bei der Bevölkerung präsent. Dies reichte von freudiger Erwartung des neuen Millenniums bis hin zu Prophezeiungen apokalyptischer Endzeitszenarien. Expertinnen und Experten befürchteten, dass ältere Computer Schwierigkeiten mit der Umstellung des Datums haben würden, speicherten sie doch nur Tag, Monat und die letzten beiden Ziffern des Jahres ab. Das Jahr 2000 würde also als das Jahr 00 gespeichert, was die Computer als 1900 interpretieren würden. Stromnetze, Wasserversorgung und sogar Atomkraftwerke galten als gefährdet.

In München stellte die Stadt einen „Stab für außergewöhnliche Ereignisse", den SAE 2000 auf.[392] Unter anderem bereiteten Polizei und Feuerwehr sich darauf vor, ihre Operationen ohne elektronische Hilfsmittel durchzuführen. Über die Stadt verteilt wurden SOS-Punkte für die Bevölkerung eingerichtet, die mit der Einsatzzentrale über eine stromunabhängige Funkleitung verbunden waren. Etwa 80 Prozent aller Einsatzkräfte waren in dieser Nacht im Dienst[393] – allerdings auch zum Schutz der erwarteten Masse an Feiernden.

Wie die meisten anderen Unternehmen beugte der bwv den „Schreckensszenarien" für den Jahrtausendwechsel vor. Seit Frühjahr 1999 war die Software im Büro der Genossenschaft „jahrtausendsicher".[394] Mit dem neuen System, so war die Geschäftsführung zuversichtlich, würde auch die 2001/02 anstehende Währungsumstellung problemlos möglich sein. Der bwv ließ die Heizungen, Lüftungen und die Aufzüge

überprüfen. Beruhigt konnte man den Mitgliedern versichern, dass selbst im unwahrscheinlichen Fall von umstellungsbedingten Ausfällen der manuelle Betrieb bei Heizungen und Lüftungen gewährleistet werden könne. Als zusätzliche „Notfallmaßnahme" standen die einzelnen Hausmeister während des Jahreswechsels jederzeit abrufbereit.

Im Hinblick auf die teils vorher medial verbreiteten Horrorszenarien verlief die Jahrtausendwende unspektakulär. Die großen gesellschaftlichen und wirtschaftlichen Verschiebungen blieben aus, nur in einzelnen Fällen kam es zu Schwierigkeiten. Eines der kuriosesten Einzelereignisse war, dass ein US-amerikanischer Autobesitzer eine ausstehende KFZ-Steuerforderung über die letzten 100 Jahre bekam – über die Summe von 760.000 Dollar.[395] In München verschickte das Kassen- und Steueramt Rechnungen, deren Fälligkeit auf den Januar 1900 datierte – inklusive Säumniszuschlag für 99 Jahre.[396] Beim bwv hingegen lief die Umstellung reibungslos.

## 4 Millionen für 12 Zentimeter

Doch in anderer Hinsicht brachten die 2000er-Jahre für die Genossenschaft ein größeres Problem mit sich (siehe Textkasten Kapitel 2). Zu Beginn waren es unscheinbare Risse in der Fassade der Haidhausener Schneckenburgerstraße 37. Eingehende Untersuchungen ergaben, dass der tatsächliche Bauzustand schlechter war, als es die Risse auf den ersten Blick vermuten ließen: Die Messungen zeigten, dass der Höhenunterschied zwischen den beiden Seiten eines Zimmers mittlerweile bei zwölf Zentimetern lag. Das ganze Haus sank ab. Kacheln in den Bädern brachen und sprangen ab, die Türstürze waren einbruchgefährdet. Der Grund konnte das Gewicht des Hauses nicht mehr stemmen, die Fundamente gaben nach.

Eile war geboten. Eine Sanierung sollte circa 4 Millionen DM kosten, genauso viel wie ein Neubau.[397] Die Genossenschaft entschloss sich daher zum Abriss und zum anschließenden Neubau. Zwei Herausforderungen gab es: Erstens existierten nach den Vorgaben des Denkmalschutzes für den Wiederaufbau strenge Auflagen. Zweitens sollte der Neubau seniorengerecht werden. Bis Ende 2002 waren alle betroffenen Mieterinnen und Mieter umgezogen und das Haus abgerissen.[398] Die Neubaumaßnahmen begannen im folgenden Frühjahr. Von der Straßenseite ist der Neubau unauffällig: Die Fassade der neuen Schneckenburgerstraße 37 sieht historisch aus und schließt sich nahtlos an die bestehenden Außenwände der Nachbargebäude an.

Innen war das Gebäude modern: Es entstanden zwei Untergeschosse und zwölf statt bisher zehn Wohnungen. Deren Fläche variierte zwischen 58 und 97 Quadratmetern.[399] Ebenfalls neu waren die Balkone nach Westen. Dazu kamen noch neue Hobbyräume im Souterrain. Der Zugang zum Haus und zum neu eingebauten Lift war ebenerdig, alle Räume und Durchgänge auf die Breite von Rollstühlen ausgelegt und die Böden schwellenfrei angelegt.

Hinzu kam für die Wohnanlage eine zweigeschossige Tiefgarage mit 70 geplanten Stellplätzen (69 wurden tatsächlich ausgeführt). Sie war nach der neuen Tiefgarage in der Troger-/

Geiblstraße, die im November 2000 mit 51 Doppelgaragenstellplätzen fertigstellt wurde, das zweite große Tiefgaragenprojekt der 2000er-Jahre.[400]

## „Vive la Kollateralschaden"

Ein knappes weiteres Jahr später, am 29. November 2004, übergab das ausführende Planungsbüro Brachmann die fertiggestellte Schneckenburgerstraße 37 an den bwv.[401] Die neuen Mieterinnen und Mieter konnten zum 1. Dezember einziehen.

Auch den im Zuge der Bauarbeiten an Haus und Tiefgarage aufgerissenen Innenhof ließ der bwv neu gestalten: Kreise in Form von Schneckenhäusern sollten das Pflaster schmücken und über dem Eingang des Neubaus wurde ein Relief aus Stuckmörtel angebracht. Das Kunstwerk zeigt eine dreireihige Parade von Schnecken, die, teils mit Fahnen, einem vierzackigen Stern ent-

deutschen Nationalismus, der den „deutschen Rhein" als Verteidigungslinie gegen Frankreich definierte. Später vertont wurde die „Wacht am Rhein" Teil des patriotischen Liederkanons des Deutschen Reichs.[402]

### Frischer Wind in Aufsichtsrat und Vorstand

Ab der zweiten Hälfte der 2000er-Jahre ergaben sich in Aufsichtsrat und Vorstand personelle Veränderungen. Langjährige und verdiente Mitglieder zogen sich aus den Gremien zurück und gaben die Verantwortung für die Genossenschaft weiter. Den Anfang machte ein Urgestein des Aufsichtsrats, Herbert Maier. Von 1974 bis 2002 und noch einmal von 2007 bis 2008 hatte Maier den Vorsitz innegehabt, er blieb danach noch bis 2014 im Aufsichtsrat tätig, bevor er sich endgültig zurückzog – nach insgesamt 42 Jahren![403] Seine Aufgaben übernahm ab Juli 2008 Josef Bauer, der dem Aufsichtsrat auch heute noch vorsteht.

Im Vorstand kam es ebenfalls zu Veränderungen. Im Juli 2008 wurde Klaus Hofmeister als Ersatz für Bernhard Welker gewählt. Der heute bei der Stadt München im Sozialreferat tätige Abteilungsleiter war zuvor im Aufsichtsrat und ist seit seinem Wechsel hauptsächlich für die Teilbereiche Verwaltung und Organisation verantwortlich.[404] 2011 zog sich Max Saxinger nach 27 Jahren im Vorstand aus dem Gremium zurück. An seine Stelle trat der heute als Referatsleiter im Staatsministerium für Wohnen, Bauen und Verkehr tätige Ministerialrat Axel Wirner. Wirner, ebenfalls zuvor im Aufsichtsrat, begeistert sich als „Architekt und Ästhet" vor allem für das Planen und Entwickeln neuer Projekte.[405] Mit

gegenkriechen. Daneben ist als Sinnspruch „Lieb Vaterland – Vive la Kollateralschaden" zu lesen. Das Relief des Künstlers Jörg Kausch ist eine kritische Auseinandersetzung mit dem bekannten Gedicht „Wacht am Rhein" von Max Schneckenburger, dem Namensgeber der Straße. In seinem Gedicht von 1840 verherrlicht Schneckenburger einen wehrhaften und chauvinistischen

Erneuerungen auf Verwaltungsebene: Matthias Heller (links, seit 2012 Technische Leitung) und Matthias Nippa (rechts, seit 2019 Geschäftsführung).

dem Wechsel von Horst Scherer zu Christian Berg, Direktor des Amtsgerichts Ebersberg, im Jahr 2012 erhielt der Vorstand seine heutige Zusammensetzung. Die Expertise und die gute Vernetzung der Aufsichtsrats- und Vorstandsmitglieder des bwv trugen immer maßgeblich zu der erfolgreichen Entwicklung der Baugenossenschaft bei – das war bereits im Gründungsjahr so und es ist bis heute so geblieben.

## Neue Leitlinien

Der Generationenwechsel in Aufsichtsrat und Vorstand bewirkte auch einen Wechsel bei der Ausrichtung des bwv. 1999 hatte die Arbeitsgruppe „Zukunft" geplant, auf absehbare Zeit keine Neu- und Ausbauten mehr vorzunehmen und sich ganz auf den Erhalt des Bestands zu konzentrieren. Die neuen Vorstände der Genossenschaft waren aber davon überzeugt, dass auf lange Sicht der reine Erhalt des Bestands, ohne Modernisierung und vor allem ohne weiteren Ausbau in Form von Aufstockungen oder Neubauten, nicht mehr genügte. Neu- und Dachgeschossausbauten waren nun „keine roten Tücher" mehr,[406] vielmehr wurden sie als notwendig erachtet, um den bwv in Gegenwart und Zukunft fit zu halten. Das Ziel war ein „strategischer Mix" aus höherem Nutzwert bei gleichzeitiger Bezahlbarkeit der Mieten.[407]

In diesem Sinne richtet sich der bwv mittlerweile nach einem strategischen Gesamtkonzept aus, das – zusätzlich zu Modernisierung und Bestandserhaltung – die Bestandserweiterung durch Dachgeschossausbauten und Aufstockungen, den Einbau von Aufzügen für mehr Barrierefreiheit, den Anbau von Balkonen zur Steigerung des Wohnstandards und die Sanierung und Modernisierung der Hofanlagen vorsieht.

Etwa 30 Prozent aller Wohnungen möchte der bwv mit Aufzügen ausstatten. Zum Zeitpunkt des Beschlusses im November 2015 lag die Quote bei 16 Prozent, 2018 waren bereits 21 Prozent aller Wohnungen mit einem Aufzug erreichbar.[408] Nach Umsetzung der

weiteren Planungen in Haidhausen, Schwabing und an der Appenzeller Straße wird die Zielvorgabe von rund einem Drittel erfüllt sein. Diese Maßnahmen ermöglichen nicht nur den älteren Genossinnen und Genossen und kinderreichen Familien eine größere Barrierefreiheit, sie heben auch den Wohnstandard innerhalb des bwv.[409]

Zu einem höheren Wohnstandard gehören auch Balkone. Als neues „Freiluftzimmer" bietet ein Balkon gerade in der schönen Jahreszeit eine Erweiterung der Wohnqualität. Systematisch wird deshalb geprüft, welche Wohnungen dafür geeignet sind. Besonders prädestiniert sind Wohnungen, bei denen bereits Loggien vorhanden sind – hier sind Balkonanbauten deutlich einfacher möglich. Ein 2018 stattgefundenes Strategiegespräch des Bauausschusses stellte dazu fest, dass von den damals über 1.700 Wohnungen innerhalb der Genossenschaft rund 250 noch die Möglichkeit für den Anbau bieten würden.[410]

Weiterhin ist dem bwv die Wiederaufbereitung der Hofanlagen und der Kinderspielplätze in den verschiedenen Wohnanlagen ein besonderes Anliegen. Im Laufe der Zeit hatten die Anlagen in den Innenhöfen immer weniger den gewünschten Standards entsprochen – insbesondere die Spielplätze waren zum Teil lange Zeit nicht erneuert worden. Aber gerade im Hinblick auf die Bemühungen, die Genossenschaft für den zukünftigen Generationenwechsel zu wappnen, rückten die Höfe in den Fokus. Es entstanden und entstehen kleine landschaftsgärtnerische „Juwelen".[411] Nach ihrer Sanierung vereint beispielsweise die Schwabinger Wohnanlage parkähnliche Elemente, die zum Spazieren und gemeinsamen Treffen der Hausbewohnerinnen und -bewohner jeden Alters einladen, mit zwei Spielplätzen für kleinere und größere Kinder. Kindgerecht ist auch die neue Bepflanzung. Unter anderem wurden Sträucher von essbaren Zierquitten, Stachel- und Johannisbeeren angelegt.[412] Die Spielplätze in den Wohnanlagen des bwv ziehen so mittlerweile auch viele Kinder aus der näheren Umgebung an.[413]

### Neue Strukturen

Um die neuen Leitlinien des bwv umzusetzen, fand 2014/15 ein größerer Umbau der Geschäftsstelle statt – in organisatorischer wie räumlicher Hinsicht.[414] Die neuen Projekte erforderten eine Umstrukturierung und Aufstockung – die Mehrarbeit war mit der vorherigen Aufstellung, die sich ja hauptsächlich um den Bestandserhalt zu kümmern gehabt hatte, nicht zu stemmen. Ziel war es, eine Geschäftsstelle einzurichten, die über das entsprechende Know-how für die neuen komplexen Aufgaben verfügte. Bereits 2012 wurde die Stelle des Technischen Leiters geschaffen. Der bwv konnte den Architekten Herrn Matthias Heller dafür gewinnen. Die internen Prozessabläufe wurden für die zukünftigen Herausforderungen neu aufgestellt und zum Beispiel Vergaberichtlinien für Baumaßnahmen eingeführt. Ebenso wurden die Kriterien für die Wohnungsvergabe überarbeitet.

Neben den organisatorischen Umstellungen ließ der bwv auch die Räumlichkeiten der Geschäftsstelle renovieren. So wurde unter anderem die gesamte Elektrik auf den neuesten Stand gebracht, modernere Möbel angeschafft und die Registratur und das Archiv, das damals bereits annähernd 100 Jahre bwv-Geschichte dokumentierte, in den Keller verlagert.

Idylle am Klostergarten in Pasing

Ein blühender Garten in Neuhausen.

„Der Aufsichtsrat besteht aus 12 Mitgliedern, die von der Hauptversammlung gewählt werden. Die Zahl der Mitglieder kann durch Beschluß der Hauptversammlung erhöht werden, jedoch muß die Zahl der Aufsichtsratsmitglieder durch 3 teilbar bleiben. [...] Alljährlich scheidet ein Drittel aus und ist durch Neuwahl zu ersetzen. [...]

Der Vorstand hat die Zustimmung des Aufsichtsrats zu erholen: 1. zum Ankauf von Grundstücken und Häusern [...], 2. zur Ausführung des Bebauungsplans nach erfolgter Genehmigung durch die Hauptversammlung, 3. zur Aufstellung der Grundsätze über Vermietung von Wohnungen [...], 4. zur Fristbewilligung für fällige Zahlungen, 5. zur Festsetzung der Bedingungen für Ausgabe festverzinslicher, tilgbarer Schuldverschreibungen, sowie für die Ausgabe sonstiger Anleihen [...], 6. zur Aufstellung der Grundsätze über Anlegung verfügbarer Gelder der Genossenschaft, 7. zur Ausschließung von Mitgliedern."

Diese Bestimmungen aus der Satzung von 1921 gelten bis heute. Allerdings wurden die Vorgänge, die der Zustimmung des Aufsichtsrats bedürfen, um einige Punkte erweitert. Heute gehören dazu beispielsweise die Aufstellung von Wirtschaftsplänen, die Anstellung eines Geschäftsführers, aber auch die Festsetzung der Hausordnung.

Ebenfalls von Beginn an bildete der Aufsichtsrat drei Ausschüsse, den Bauausschuss, den Finanzausschuss und Verwaltungsausschuss. An diesen beteiligten sich die Aufsichtsratsmitglieder nach ihrer fachlichen Kompetenz. Hundert Jahre später tagen diese Gremien unter demselben Namen und mit derselben Idee.

An der Rolle des Aufsichtsrats hat sich also seit der Gründung der Genossenschaft nicht grundsätzlich etwas geändert. Die Aufgaben und Herausforderungen an das Gremium waren aber natürlich in den unterschiedlichen Zeiten sehr verschieden.

Zu Beginn spielten der erste Aufsichtsratsvorsitzende Karl Stützel und das Ministerium für Soziale Fürsorge eine wichtige Rolle. Im Nationalsozialismus spiegelte die Besetzung des Aufsichtsrats die politischen Verhältnisse wider. Nach dem Wiederaufbau und einer zweiten Bauphase folgten ruhigere Jahre, auch für den Aufsichtsrat. Inzwischen hat sich die Genossenschaft den Anforderungen entsprechend immer weiter professionalisiert und mit der Instandhaltung des Häuserbestandes, den Dachaufstockungen und – ausbauten und den Neubauprojekten entstanden neue Herausforderungen.

Seit 2008 ist Josef Bauer der Vorsitzende des Aufsichtsrats. Der Jurist aus dem Bayerischen Staatsministerium für Wohnen, Bau und Verkehr legt großen Wert auf die „verzahnte Zusammenarbeit" des Aufsichtsrats mit Vorstand, Geschäftsführung und technischer Leitung. Wichtigste Aufgabe bleibt, wie es in der aktuellen Satzung formuliert ist: „Der Aufsichtsrat hat den Vorstand in seiner Geschäftsführung zu fördern und zu überwachen." Umgesetzt wird diese Aufgabe durch regelmäßige Treffen der drei Ausschüsse mit den Verantwortlichen und durch die Beratung und Beschlussfassung in den Aufsichtsratssitzungen sowie den gemeinsamen Sitzungen des Aufsichtsrats mit dem Vorstand.

Barbara Dubowicz, Bogenhausen
Christian Krämer, Nymphenburg
Dr Markus Meckler, Schwabing

Markus Roth, Sendling
Peter Bahr, Schwabing
Sabine Russling, Neuhausen

Josef Bauer, Vorsitzender
Hannelore Dahlke, Schwabing
Jürgen Krajak, stellv. Vorsitzender

Theresia Rosenbusch, Schwabing
Dr Alexander Petersen, Haidhausen
Roland Berndt, Schwabing

Freiluftzimmer an der Kaulbachstraße 95.

Kinderspiele im Innenhof im Karree Schwabing.

Oben links: Modernisierungen für
einen höheren Wohnstandard:
Balkone und Liftanlagen.

Oben rechts: Auch die
Anlage in der Prinzenstraße
erhielt neue Balkone.

Balkone in der
Lothstraße 84–100.

127

Die Erhaltung und Modernisierung des vorhandenen Bestandes blieb und bleibt eine wichtige Aufgabe des Beamtenwohnungsvereins. Aus der Summe aller Maßnahmen in den 2000er- und 2010er-Jahren werden hier drei Beispiele herausgegriffen.

### Von Dächern, Oberlichtern und Kastenfenstern

Im Jahr 2005 stand eine umfangreiche Dachsanierung in der Wohnanlage Haidhausen an. Die Dächer der größten Wohnanlage des bwv stammten fast alle noch aus den Erbauungsjahren um 1925 bzw. waren einige von ihnen nach den Bombenschäden während des Zweiten Weltkriegs provisorisch repariert worden. Seither waren nur Wartungsarbeiten durchgeführt worden. Die zwölf betroffenen Häuser erhielten eine neue Dachfläche von insgesamt circa 3.000 Quadratmetern.[415] Aufwendig wurden die Arbeiten dadurch, dass zunächst sowohl die Ziegel als auch die zweite, nachträglich eingebrachte Dachhaut aus glasfaserverstärkter

Kunststofffolie entfernt werden mussten, um an die Streben des Dachstuhls heranzukommen. Dabei fanden die Arbeiterinnen und Arbeiter in einem kriegsgeschädigten Dachabschnitt den Zünder einer britischen Stabbrandbombe. Er hatte sich in einen Teil des alten Dachstuhls eingebrannt und musste nun entfernt werden. Die Dächer erhielten darüber hinaus noch eine zeitgemäße Wärmedämmung und neue Brandschutzvorrichtungen, außerdem einen modernen Schallschutz. Die Kosten der bis September 2005 andauernden Dachsanierung beliefen sich auf 1,8 Millionen Euro.[416]

2012/13 begann die Genossenschaft mit der Instandsetzung der denkmalgeschützten Oberlichter in der Prinzregentenstraße 94 und 98 in Haidhausen. Die inneren Oberlichter waren noch die Originale, die äußeren Oberlichter stammten aus der Nachkriegszeit. Diese waren, den damaligen Umständen des Wiederaufbaus geschuldet, qualitativ schlechter hergerichtet worden. Im Laufe der Jahre war immer wieder Wasser eingedrungen und hatte Putz und Rahmen beschädigt. 2011 löste sich ein Glas und stürzte ins Treppenhaus.[417] Die strengen Auflagen des Denkmalschutzes verzögerten die Reparatur. In enger Abstimmung mit dem Landesamt für Denkmalpflege wurde die ursprüngliche Stahlkonstruktion erhalten und neu verglast. Die äußere Konstruktion erhielt neue Stahlstreben, die zusätzlich in ein neues Mauerwerk eingearbeitet wurden. Bis zum März 2013 waren die Arbeiten abgeschlossen.[418] Alle Streben waren maßgefertigt, um die ursprüngliche, denkmalgeschützte Konstruktion soweit wie möglich zu erhalten.

Mit einem speziellen Verfahren lässt der bwv seine historischen Kastenfenster restaurieren.

Eines der großen aktuellen Themen, das auch in den nächsten Jahren noch Bedeutung haben wird, ist die Sanierung der vielen noch in der Genossenschaft zu findenden historischen Kastenfenster. In Material und Ausführung waren die Originalfenster in ihrer Zeit hervorragend. Daher lohnt sich die Restaurierung dieser schönen Bauteile. Die Herausforderung dabei ist: Oft wurden sie über viele Jahrzehnte hinweg immer wieder mit bleihaltigen Farben überstrichen. Nach langen Diskussionen in Aufsichtsrat und Vorstand einigten sich die Beteiligten auf das relativ neue Verfahren eines erfahrenen Restaurators. Dabei wird eine speziell angefertigte staubbindende Öl- oder Harzpaste auf die betreffenden Stellen aufgestrichen, mit einer Infrarotlampe erhitzt und der so losgelöste Lack danach sicher entfernt, ohne dass sich die schädlichen Stoffe im Raum verteilen. Ein großer Vorteil dieser Methode ist, dass die Fensterrahmen in der Wohnung selbst restauriert werden können.[419] Für diese Restaurierung entstehen ungefähr dieselben Kosten wie für den Einbau eines neuen Fensters. Hierbei ist der bwv mittlerweile die führende Genossenschaft der Stadt München und erhält viele Anfragen anderer Baugenossenschaften zu den bisherigen Erfahrungen. Auch bei den betroffenen Bewohnerinnen und Bewohnern kommt die Methode gut an.[420]

## Raumgewinn unterm Dach

Um der sozialen Verantwortung einer Baugenossenschaft in Zeiten der Wohnungsnot gerecht zu werden, prüft der bwv konsequent seinen Bestand auf Möglichkeiten, neuen Wohnraum zu schaffen. Neben den kosten-, arbeits- und zeitintensiven Neubauten liegen diese Möglichkeiten in erster Linie in der Bestandsergänzung durch Dachgeschossausbauten und Aufstockungen von Häusern und Wohnanlagen.

Inzwischen wurden in diesem Bereich einige innovative Projekte auf den Weg gebracht: Mit den im Mai 2015 abgeschlossenen Ausbauten in der Nymphenburger Wohnanlage in der Prinzenstraße beispielsweise ging die Genossenschaft neue Wege.[421] Die Gebäude waren dringend renovierungsbedürftig und es wurde zeitweise sogar über einen Abriss diskutiert. Dann aber entschied der Vorstand des bwv gemeinsam mit der Technischen Leitung, den Bestand zu erhalten. Die Fassade wurde gedämmt und das Obergeschoss um eine weitere Etage aufgestockt. Die Baumaßnahme wurde vom Architekturbüro Guggenbichler + Netzer durchgeführt. So entstanden sieben große Maisonettewohnungen mit Dachterrasse, die besonders für Familien geeignet sind. Im unteren Geschoss blieben die alten Grundrisse erhalten, oben entstand ein großer offener Wohnraum mit bodentiefen Fenstern und Wohnküche.

Dachgeschossausbau in Neuhausen.

„Durch diese Baumaßnahme haben wir die gesamte Wohnanlage wiederbelebt", erklärt Matthias Heller.[422] Auch die Balkone wurden erneuert und die Grünanlagen neu gestaltet. An diesem Projekt wird deutlich, worum es dem bwv geht: Den Bestand zu erhalten, weil man die Qualitäten der vorhandenen Gebäude erkennt – und die Häuser durch Renovierung wie Umbau auf den neuesten Stand der Technik zu bringen, um die Wohnqualität ständig zu verbessern.

Und dabei fungiert die Genossenschaft immer noch als wichtige Anlaufstelle für Stadt und Staat, wenn es darum geht, moderne und innovative Methoden in die Praxis umzusetzen und so das soziale Problem der Wohnungsnot zu bekämpfen. In dieser Tradition entstanden nach dem Krieg die Messerschmitt-Häuser (siehe Kapitel 3) und aktuell entsteht ein neues Modellvorhaben: die Bestandsergänzung in Haidhausen. Geplant ist die Erhöhung um 1,5 Stockwerke. Es sind 14 neue Wohnungen vorgesehen. Für die Maßnahme erhält der bwv sowohl von der Stadt München (Förderprogramm München Modell Genossenschaften) als auch vom Freistaat Unterstützung. Der bwv wurde mit diesem Projekt für das Modellvorhaben Experimenteller Wohnungsbau „effizient bauen, leistbar wohnen – mehr bezahlbare Wohnungen für Bayern" des Staatsministeriums für Wohnen, Bau und Verkehr ausgewählt.[423] Eine Besonderheit dieses Projekts (und Bedingung für die Förderung) ist neben der Wirtschaftlichkeit und Nachhaltigkeit auch die Anpassung der Maßnahme an das umliegende Wohnquartier und der Mehrwert für die alteingesessenen Wohnungsinhaberinnen und -inhaber.[424]

### Ein Neubau – gemeinsam mit den Mitgliedern

Einen Neuanfang wagte der bwv zwischen 2014 und 2019 mit dem Objekt Parkstadt Schwabing (siehe ausführlich im Textkasten). Im Oktober 2014 bekam die Genossenschaft den Zuschlag für ein Grundstück an der

Lyonel-Feininger-Straße, das sie von der Landeshauptstadt München erwerben konnte. Zuvor hatte sich der bwv mit einem auf Nachhaltigkeit ausgelegten Konzept beworben und gegen acht andere Bewerbende durchgesetzt. Das fünfstöckige Gebäude mit 45 Wohnungen entstand im Rahmen des Förderprogramms München Modell Genossenschaften. Im März 2017 fand die Grundsteinlegung statt, bis Oktober 2018 war es fertiggestellt. Besonders an diesem Projekt sind die Gemeinschaftseinrichtungen, wie beispielsweise eine Dachterrasse und ein Gemeinschaftsraum mit Küche, sowie das Nahmobilitätskonzept.

Mit den geplanten Neu- und Ausbauprojekten wagte der bwv einen Aufbruch, der nicht ohne Diskussion zwischen Geschäftsführung, Vorstand, Aufsichtsrat und Mitgliederversammlung erfolgen konnte. Vorbehalte, dass ein großes Neubauprojekt wie die Parkstadt Schwabing die wirtschaftlichen Kapazitäten des bwv überlasten könnte, gab es durchaus. Auch bestand die Befürchtung, die Kosten für ein sol-

ches Projekt würden die Mietpreise in den übrigen Wohnanlagen in die Höhe treiben. Letztendlich gelang es dem Vorstand, sowohl den Aufsichtsrat als auch die Mitglieder zu überzeugen.[425]

Die aktive Einbindung aller Gremien der Genossenschaft in Entscheidungsprozesse ist eine Stärke des bwv. Die Projekte werden zu einem gemeinsamen Thema von Vorstand und Aufsichtsrat, zu der die Mitglieder des Aufsichtsrates auch ihre eigene Sachkompetenz einbringen können. Die Planungen stehen damit von Anfang an auf einer breiten Basis.

Auch die Genossinnen und Genossen sollen stärker in die Entscheidungen und die Entwicklung des bwv einbezogen werden. Dazu ist es notwendig, vonseiten des Vorstands und der Geschäftsführung eine weitgehende Transparenz der Projekte, Zahlen, Kosten und Finanzierung zu schaffen. Eine Genossenschaft lebt vom Vertrauen ihrer Mitglieder in die gewählten Organe. Eine der wichtigsten vertrauensbildenden Maßnahmen im Vorfeld des Projekts Parkstadt Schwabing war die

Zusicherung gegenüber der Mitglieder-versammlung, dass es keine Querfinanzierung geben würde: Die Neubauten sollten nicht durch die Erhöhung der Bestandsmiete gedeckt werden. Auch viele der älteren Mitglieder konnten damit überzeugt werden, die Neu- und Ausbautätigkeit der Genossenschaft mitzutragen und den bwv zukunftsfähig zu erhalten.[426]

Letztlich kann der bwv für sich in Anspruch nehmen, dass die neuen Projekte im Laufe der Zeit nicht nur angenommen wurden, sondern auch großes Lob bekamen, denn die entstandenen An-, Aus- oder Neubauten überzeugten durch ihre Qualität und Funktionalität.[427]

## Sommerfeste, Maibaumsegnung und ein Abschied

Gemeinsame Feste gehören zur Tradition des bwv. Eine Pionierrolle nahm dabei die Wohnanlage Neuhausen ein. Seit 1983 findet dort jährlich ein sommerliches Hoffest statt.[428] An einem Samstag im Juni oder Juli gibt es dort zwischen 12 und 24 Uhr unter Pavillons und Leuchtgirlanden eine deftige Buffetmahlzeit mit Rollbraten und Sauerkraut, Würsten, Grillfleisch, Kartoffelsalat, Brezn sowie Kaffee und Kuchen. Von Jahr zu Jahr verschieden ist die musikalische Begleitung: Es gab schon Blas- und Tanzmusik oder auch eine

Drehorgel.[429] Seit dem 75. Jubiläum des bwv im Jahr 1996 findet hier auch alle fünf Jahre zum 1. Mai ein Frühschoppen statt – mit Musik, Trachtengruppe und der Maibaumsegnung.[430]

Andere Wohnanlagen haben nachgezogen. Die Schwabinger Anlagen feiern seit 1991 ein jährliches Sommerfest. Seit 2003 wird in der Gartenhofsiedlung Haar jährlich am 23. Dezember ein vorweihnachtliches Schwedenfeuer entzündet.[431] Die Anwohnerinnen und Anwohner versammeln sich bei Gebäck, Leberwurst- und Schmalzbroten, Glühwein und Kinderpunsch. Auch hier gaben die Mieterinnen und Mieter selbst den Anstoß. 2017 gesellten sich zwei weitere Wohnanlagen mit neuen Festen dazu. Nach der Einstandsfeier an der Nymphenburger Prinzenstraße im Jahr 2016 führte die Hausgemeinschaft die Feier im nächsten Jahr fort.[432] Auch in der Kaulbachstraße gibt es seit dem Jahr gemeinschaftliche Feiern. In Sendling und Haidhausen veranstalten die Bewohnerinnen und Bewohner inzwischen ebenfalls ein Hoffest. Der bwv unterstützt solche Bestrebungen finanziell und hofft, dass die Gemeinschaftsräume in den verwirklichten oder noch geplanten Neu- und Ausbauten die Gemeinschaft in den Anlagen weiter fördern.

Ein Abschied stand im März 2019 bevor. Nach 30 Jahren schied Geschäftsführer Harald Stebner aus der Verwaltung der Genossenschaft aus. Während seiner Amtszeit war die Verwaltung des bwv deutlich größer und komplexer geworden. Das Genossenschaftswesen lag ihm vor allem deshalb am Herzen, da nach Stebners Ansicht bei der Verwaltung von Immobilien nicht der Profit, sondern in erster Linie das Schicksal der dort wohnenden Menschen im Vordergrund stehen sollte.[433] Darüber hinaus fühlte sich Stebner mit dem breit

gestreuten Aufgabenbereich, der ihm als Geschäftsführer des bwv oblag, immer wieder neu herausgefordert und befreit von der Einschränkung „nur ein Rädchen im Getriebe zu sein", wie beispielsweise während seiner Zeit bei der bayerischen Landesbank. Unter seiner Verantwortung als Geschäftsführer entstand auch der Neubau in der Parkstadt Schwabing. In Würdigung seiner langjährigen Verdienste wurde er mit Eintritt in den Ruhestand zum Mitglied ernannt.

Stebners Nachfolge trat der 1977 geborene und aus dem oberfränkischen Fichtelgebirge stammende Matthias Nippa an.[434] Der ausgebildete Immobilienfach- und Betriebswirt hat sich ab Februar 2018 in die Geschäftsführung eingearbeitet. Auch für ihn war die Verbundenheit mit dem Genossenschaftsgedanken eine der Triebfedern, um sich für die Nachfolge Stebners zu bewerben.

### Ein Kreis schließt sich

Ende 2017 ehrte die Stadt München einen der Gründerväter des bwv mit der Benennung eines bislang namenlosen Platzes.[435] Die Fläche neben dem Alten Botanischen Garten, auf dem seit 1996 das Werk „Anello" (Der Ring), eine 12 Meter hohe, rote Ringskulptur des Bildhauers Mauro Staccioli steht,[436] trägt seitdem den Namen Karl Stützels.

Gewidmet wurde ihm der Platz allerdings nicht in seiner Eigenschaft als engagierter Unterstützer des sozialen Wohnungsbaus in München, sondern vornehmlich wegen seines ebenso großen Einsatzes im Kampf gegen den Nationalsozialismus in Bayern. Harald Stebner, damals noch Geschäftsführer des bwv, meinte, die Stadt sei der Genossenschaft zuvorgekommen.[437] Man habe selbst geplant, eine kleine Privatstraße innerhalb der Neuhauser Wohnanlage nach Stützel zu benennen.

Auch in anderer Hinsicht wird im Beamtenwohnungsverein an die Gründungsphase erinnert. Seit August 2018 weist eine Gedenktafel an der Fassade der Clemensstraße 50 auf Friedrich Wamsler und den ersten offiziellen Fußballplatz des FC Bayern hin.[438] Wamsler, der Vater von zwei Gründungsmitgliedern des Vereins, stellte dem jungen Fußballclub das Gelände zwischen 1900 und 1907 zur Verfügung. Das unbebaute Gelände ging 1922 für 45.000 M in den Besitz des Beamtenwohnungsvereins über,[439] der im Folgenden hier das noch heute stehende Gebäude errichten ließ.

Neubauten in München sind immer schwieriger zu realisieren, insbesondere solche, die „auf der grünen Wiese" entstehen. Baugenossenschaften wie der bwv, die die Schaffung von bezahlbarem Wohnraum als ihre Aufgabe ansehen, bewerben sich deshalb bei ausgeschriebenen Gemeinschaftsprojekten wie dem Quartier Prinz Eugen Park oder der Parkstadt Schwabing. Bei diesen Projekten entstehen ganze Stadtviertel, geplant und gebaut von unterschiedlichen Bauträgern mit einem gemeinsamen Konzept.

2014 bewarb sich der bwv in dem Neubaugebiet Parkstadt Schwabing um ein Grundstück an der Marianne-Brandt-Straße/Lyonel-Feininger-Straße. Ein Neubauprojekt in dieser Größe war innerhalb der Genossenschaft umstritten. Eine Risikoprüfung durch die „Treuhandstelle für Wohnungsunternehmen in Bayern" ergab allerdings, dass „das Projekt Parkstadt Schwabing [...] keinerlei finanzielles Risiko für den bwv" darstelle.[440] Die Befürchtung, dass das Neubauprojekt Kapazitäten für die Instandhaltungen beanspruchen würde, konnte entkräftet werden.

Das Konzept, das der bwv als Bietergemeinschaft mit der Firma TERRA Alex Danhuber eingereicht hatte, erreichte die Höchstpunktzahl von 100 Punkten.[441] Da ein weiterer Bewerber auch diese Punktzahl erzielte, entschied das Los und der bwv bekam den Zuschlag für den Baugrund erteilt. Wichtige Voraussetzung für die erfolgreiche Bewerbung war die Erfüllung der wohnungspolitischen, energetischen und ökologischen Kriterien, die die Stadt München vorgab. Im Geschäftsbericht 2015 beschrieb der

bvw diese Kriterien: „Der energetische Standard des Projektes (KfW-Effizienzhaus 55), bauliche bzw. planerische Maßnahmen zur Gebäudeökologie (Anteil an nachwachsenden Rohstoffen), Regenwasser- und Grauwassernutzung, Errichtung von Räumen zur gemeinschaftlichen Nutzung, Förderung der Nahmobilität und Einhalten der Vorgaben nach den Wohnraumförderbestimmungen 2012 (Konzeptioneller Mietwohnungsbau bzw. München Modell Genossenschaften)."[442]

Die Planer von bogevichs buero entwarfen einen L-förmigen Baukörper. Das Gebäude enthält 46 Wohnungen auf fünf Stockwerken, einen Gemeinschaftsraum und eine gemeinsame Dachterrasse. Die umweltbewusste Förderung der Nahmobilität wurde durch Carsharing-Konzepte und E-Bikes umgesetzt. Die Wohnungen sollten im Rahmen des Förderprogramms München Modell Genossenschaften vergeben werden. Mindestens die Hälfte davon musste an Neumitglieder gehen. Das München Modell gibt eine Einkommensobergrenze vor und verlangt einen Hauptwohnsitz in München seit mindestens drei Jahren.

Im Mai 2016 erwarb der bwv damit erstmals seit 48 Jahren einen Baugrund von der Stadt München.[443] Ende 2014 hatte der bwv den Zuschlag für seine Bewerbung erhalten – knapp anderthalb Jahre später waren Kaufvertrag und Baugenehmigung immer noch nicht unter Dach und Fach.[444] Ursprünglich sollte der Bau Ende April oder Anfang Mai 2016 beginnen.[445] Als dann im August, nach Abschluss des Kaufs und Eingang der Baugenehmigung, der erste Bagger mit der Ausschachtung startete, tauchten neue Probleme auf: Der

Boden war mit Schadstoffen belastet. Sie mussten Schicht für Schicht abgetragen und untersucht werden, erst danach konnten sie abtransportiert werden. Dadurch verzögerten sich die Arbeiten und erst Mitte November 2016 war die Baugrube komplett ausgehoben und die Bodenplatte konnte gegossen werden.[446] Im März 2017 erfolgte die Grundsteinlegung in der Mauer des Gemeinschaftsraums. Die metallene Zeitkapsel wurde mit unterschiedlichen Zeugnissen der Zeit befüllt, unter anderem mit einer aktuellen Mitgliederzeitung, einem bvw Geschäftsbericht und einem Euro-Münzsatz.[447] Der „Fortgang der Arbeiten [war] zufriedenstellend" – im November 2017 war bereits der Großteil der Arbeiten abgeschlossen und 87 Prozent des Budgets aufgebraucht.[448] Noch vor dem Wintereinbruch gelang es, den Rohbau „dicht" zu bekommen. Im Laufe des Jahres 2018 wurde das Gebäude fertiggestellt und Mitte Oktober konnten bereits die ersten Mieter einziehen. Die Gesamtkosten für das Projekt betrugen 12.057.539,50 Euro, die Kosten pro Quadratmeter 3.123,80 Euro.

Insgesamt waren zwölf 2–3-Zimmer-Wohnungen, 22 3–4-Zimmer-Wohnungen, neun 4-Zimmer-Wohnungen und drei 5-Zimmer-Wohnungen entstanden. 17 Wohnungen wurden barrierefrei gebaut.[449] Die Vergabe ging unkompliziert und schnell vonstatten, bereits vier Tage nachdem das Bewerbungsverfahren online gestellt worden war, lagen 15 Bewerbungen vor.[450]

Die Idee des nachhaltigen, gemeinschaftsorientierten Wohnens muss sich nun in der Praxis bewähren. Die Voraussetzungen hat der bwv geschaffen: Alternativen zum eigenen Auto bieten STATTAUTO, IsarCard-Sharing und die gemeinsame Nutzung von Lasten-E-Bikes. Ein zentral gelegener, 50 Quadratmeter großer Gemeinschaftsraum im Erdgeschoss und eine große Dachterrasse mit Küche steht allen Mieterinnen und Mietern zur Verfügung. Die Möblierung und die Organisation der Nutzung übernahmen die Mieterinnen und Mieter selbst. Die Räume wurden bald genutzt, für private Veranstaltungen und „Nachbarschafts-Treffen".[451] Es deutet also alles darauf hin, dass das neue Wohnkonzept gut angenommen wird.

Der Neubau im Quartier Parkstadt Schwabing.

Ausruhen auf der Gemein-
schafts-Dachterasse.

Ein moderner, fantasie-voller Spielplatz.

## Die Zukunft des Beamtenwohnungsvereins

*Der Beamtenwohnungsverein München feiert im Jahr 2021 seinen 100. Geburtstag. Die Genossenschaft hat viel erreicht: 1.731 Wohnungen in 188 Häusern bieten bezahlbaren Wohnraum für die 1.983 Mitglieder. Die Aufgabe des heutigen nebenamtlichen Vorstands – gemeinsam mit dem Geschäftsführer, dem Technischen Leiter, den Mitarbeiterinnen und Mitarbeitern der Geschäftsstelle und den Hausmeistern – ist es nun, diese Wohnungen zu verwalten, zu erhalten und, wenn möglich, weitere Wohnungen zu bauen. Christian Berg, Klaus Hofmeister und Axel Wirner treffen sich deshalb jeden Mittwoch, um über aktuelle Projekte, Pläne und Probleme der Baugenossenschaft zu diskutieren und zu entscheiden. In der Vorbereitung auf das Jubiläumsjahr und auf die Jubiläumschronik saßen die Historikerinnen und Historiker von Neumann & Kamp bei einem dieser Treffen mit am Tisch. Das Interview fand mitten in der Corona-Krise statt, d. h. statt Handschlag gab es ein Lächeln zur Begrüßung und alle saßen in zwei Metern Abstand. In dem angeregten Gespräch war der Ausnahmezustand nur ein Thema unter vielen. In erster Linie ging es um die Zukunft des bwv und darum, welche Themen und Ideen in den nächsten Jahren wichtig sein werden.*

**N&K: Lassen Sie uns über die Zukunft des bwv reden. Welche sind die wichtigsten Ziele, die sie in nächster Zeit verfolgen?**

**Christian Berg:** Unsere Aufgabe ist klar: Wir möchten den Beamtenwohnungsverein München weiterhin erfolgreich in die Zukunft führen. Über

hundert Jahre hat die Genossenschaft viele Wohnanlagen gebaut und so immer wieder neuen bezahlbaren Wohnraum geschaffen. Wir möchten diesen Wohnraum für unsere Mitglieder erhalten – und im Rahmen der Möglichkeiten auch vermehren. Die Renovierung und Modernisierung des Bestandes ist eine große Herausforderung. Wir müssen uns alle Häuser immer wieder ansehen und immer neu entscheiden, wo was zu tun ist.

**Axel Wirner:** Wir haben den bwv als Ganzes im Blick, bei unserer Arbeit geht es jedoch schnell um Details: Funktioniert das Heizungssystem noch, muss das Dach erneuert werden, ist die Wärmedämmung ausreichend? Im Moment beschäftigt uns beispielsweise die Frage: Wie gehen wir mit unseren historischen Haus- und Wohnungstüren um? Viele der Türen erfüllen nicht die modernen Anforderungen; es geht um Schallschutz, um Brandschutz und um Sicherheit. Hier werden wir uns eine Strategie überlegen und da wird es dann unter anderem auch um die Frage gehen: Werden wir zukünftig überhaupt noch einen klassischen Schließzylinder haben oder machen wir den Technologiesprung auf ein elektronisches Schließsystem, das wir dann wieder selber verwalten könnten?

**N&K: Auch der Denkmalschutz wird wahrscheinlich eine Rolle spielen?**

**Axel Wirner:** Selbstverständlich, einige unserer Häuser stehen unter Denkmalschutz. Beim Anbau von Balkonen haben wir das so gelöst: Im Moment bauen wir Balkone dort an, wo es keinen Denkmalschutz gibt. Dort ist es problemlos möglich, weil wir selbst entscheiden können. Irgendwann werden alle diese Häuser Balkone haben und wir werden das Thema angehen müssen, ob wir bei einzelnen denkmalgeschützten Häusern nicht doch einen Balkon anbauen können. Genauso werden wir auch bei den Türen verfahren.

_____**Christian Berg:** Wir beschäftigen uns im Aufsichtsrat und im Vorstand intensiv mit solchen Herausforderungen. Weil wir keine öffentlichen Auftraggeber sind, können wir uns die zuverlässigsten und damit für uns auch „wirtschaftlichsten" Unternehmerinnen und Unternehmer für die Aufgaben heraussuchen. Bisher hatten wir großes Glück mit unseren Partnern. Ein Beispiel ist das Restauratorenehepaar Tatarczyk, das eine Lösung dafür gefunden hat, wie wir unsere alten Kastenfenster im bewohnten Zustand renovieren können. So konnten wir die bestehenden Fenster erhalten, zur großen Freude der Bewohnerinnen und Bewohner.

gesamten Wohnanlage statt für ein Verbundsystem für eine Dämmmauer aus Isoliersteinen entschieden. Das war zwar teurer, steht aber noch in 100 Jahren. Das Verbundsystem hätte nach 25 Jahren erneuert werden müssen.

*N&K: Würden Sie den bwv als innovative Baugenossenschaft bezeichnen?*

_____**Axel Wirner:** Ich glaube, dass wir in manchen Bereichen sehr fortschrittlich sind, natürlich nicht in allen. Was die Fenstersanierung angeht, sind wir ziemlich führend, zumindest hier in München. Wir bemühen uns, bei Aufstockungen und Sanierungen ein wirtschaftlich tragfähiges technisches Konzept zu finden, im Dialog mit den Nutzerinnen und Nutzern und durchführbar im bewohnten Zustand. Die Lösung ist dann für jedes Gebäude individuell.

_____**Klaus Hofmeister:** Uns ist es wichtig, dass die Renovierungen nachhaltig und von hoher Qualität sind. In der Prinzenstraße beispielsweise haben wir uns bei der Sanierung der

*N&K: Sie müssen ja auch die gesetzlichen Vorgaben zur Energieeffizienz beachten.*

_____**Axel Wirner:** Das ist bei jedem unserer Projekte fast selbstverständlich, dieses Thema denken wir immer mit. Beim Neubau erfüllen wir natürlich per se die gesetzlichen Voraussetzungen und sind auch bei den Dachgeschossausbauten bzw. Bestandsergänzungen immer im Bereich von KfW-Effizienzhauskritiken, das heißt, wir übererfüllen die gesetzlichen Anforderungen deutlich. Das rechnet sich langfristig und ist auch im Sinne unserer Mieterinnen und Mieter.

_____**Christian Berg:** In Haidhausen sehen wir im Zuge der Gesamtsanierung anlässlich der Aufstockung vor, die Häuser auf Fernwärme umzustellen.

Aktuell findet in Haidhausen in der Häuserzeile Hackländerstraße/Grillparzerstraße eine Grundinstandsetzung statt – und eine Aufstockung um 1,5 Stockwerke. Als Nächstes werden wir uns die Häuser in der Lothstraße anschauen. Hier könnte man viel neuen Wohnraum schaffen, das ist eines der potenziellen Projekte für die nächste Zukunft.

Nach dem erfolgreichen Projekt in der Parkstadt Schwabing wäre auch ein weiterer Neubau in einem der neuen Stadtviertel, wie beispielsweise dem Kreativquartier, für uns interessant. Wir haben das im Auge, aber wir müssen natürlich im Einzelnen dann nochmal konkret durchrechnen, ob sich ein Projekt realisieren lässt.

Fernwärme ist zunächst mal teurer für die Mieterinnen und Mieter, ist allerdings auch wesentlich nachhaltiger. Und in Zukunft wäre ja auch die Gasetagenheizung, die es dort gerade gibt, wegen der $CO_2$-Preise für fossile Energieträger teurer geworden.

_____**Axel Wirner:** Ja, ein großes Thema ist mit Sicherheit die Ökologie, die Nachhaltigkeit, das klimaangepasste Bauen. Welche Baustoffe verwenden wir, welche Materialien verwenden wir, welche chemischen Stoffe sind darin enthalten? Es gibt auch bei unseren Mitgliedern zunehmend ein Bewusstsein dafür.

**N & K: Was sind weitere Zukunftsthemen?**

_____**Klaus Hofmeister:** Eines unserer großen Themen war von Anfang an die Schaffung von neuem Wohnraum und mit diesem Thema werden wir auch noch geraume Zeit befasst sein. Zum einen planen wir unsere bestehenden Gebäude aufzustocken, zum anderen könnten wir uns auch einen Neubau vorstellen.

**N & K: In diesen neuen Quartieren wird das Wohnen und Leben ja unter verschiedenen Aspekten geplant, es gibt beispielsweise Gemeinschaftsräume und Mobilitätskonzepte. Wie stehen Sie als Baugenossenschaft dazu?**

_____**Klaus Hofmeister:** Das sind auch für uns wichtige Zukunftsthemen. In der Parkstadt Schwabing haben wir bereits ein Mobilitätskonzept vorgelegt, mit Anschlüssen für Elektroautos und der gemeinsamen Nutzung von E-Bikes – das war bei der Vergabe ein wichtiges Kriterium. Wir werden uns darüber Gedanken machen, wie sich diese Konzepte auch in den Altquartieren umsetzen lassen. Denn gerade im Bereich der Mobilität wird sich noch viel verändern. Ich denke beispielsweise, dass Elektro-Bikes in der Stadt eine immer größere Rolle spielen werden, unter anderem auch als Lastenfahrräder.

_____**Christian Berg:** In den 1960er- und 70er-Jahren waren Parkplätze das große Thema, viele Städte wurden nachgerüstet, viele Tiefgaragen wurden gebaut. Heute geht das Thema Mobilität in eine ganz andere Richtung. Und schon stellen sich uns neue Herausforderungen: Wie können wir den Strom für die Elektroautos und E-Bikes anbieten? Darauf sind wir überhaupt nicht ausgelegt im Moment. Und wir können nicht Stromanbieter werden als Genossenschaft, weil wir dann unsere Steuerbefreiung verlieren würden. Und genau das ist das Thema bei der E-Mobilität, dass man da zu einer anderen Lösung kommen muss. In diesem Punkt müsste sich das Steuerrecht ändern.

\_\_\_\_\_**Klaus Hofmeister:** Zum Thema Förderung der Gemeinschaft: Hier wollen wir bewusst einen Weg gehen, der den sozialen Austausch unserer Mitglieder untereinander unterstützt. Es gibt ja immer mehr Single-Haushalte und manche ältere Menschen haben keine Angehörigen mehr.

Auch in diesem Punkt haben wir in der Parkstadt Schwabing den ersten Schritt gemacht und einen Gemeinschaftsraum bereitgestellt. Die Mieterinnen und Mieter, die dort wohnen, verwalten und organisieren die Nutzung dieses Raumes selber. Aber auch

bei der Aufstockung in Haidhausen haben wir einen Gemeinschaftsraum vorgesehen als neuen Treffpunkt in einer bestehenden Wohnanlage. Ob das nun ein Café wird oder etwas anderes, das wird sich noch entscheiden. Aber wir wollen die Gemeinschaft wieder stärker fördern und der Vereinzelung oder Vereinsamung der Mitglieder entgegenwirken.

Bei der Gestaltung der Grünflächen kann ebenfalls ganz bewusst die Gemeinschaft gefördert werden. Ich bin wirklich begeistert, wie gut das den Architektinnen und Architekten gelungen ist, die wir beauftragt haben. In der Wohnanlage in Schwabing, in der ich selber wohne, findet nun im Hof viel mehr Austausch statt, auch zwischen Alt und Jung. Und unser neuer Spielplatz in Haar, den haben wir so attraktiv gestaltet, dass zunehmend aus der ganzen Umgebung Leute dort hinkommen.

**N & K: Wird sich an der Organisation der Genossenschaft in Zukunft etwas ändern?**

\_\_\_\_\_**Axel Wirner:** Gerade hatten wir ja das Thema mit dem Anbieten von Strom. Man muss immer alles im Blick haben bei einer solchen Entscheidung. Das bedeutet auch, dass wir immer wieder grundsätzliche Fragen stellen. In diesem Fall: Wollen wir weiter steuerbefreit sein? Man kann auch einen anderen Weg gehen und sagen: Wir sind nicht mehr steuerbefreit. Einige Genossenschaften haben diesen Weg gewählt.

\_\_\_\_\_**Klaus Hofmeister:** Eine weitere Frage, mit der wir uns in Zukunft beschäftigen müssen: Kann eine Genossenschaft in dieser Wirtschaftsdimension überhaupt auf Dauer noch neben- oder ehrenamtlich geführt werden oder brauchen wir einen haupt-

amtlich tätigen Vorstand? Im Moment finden wir das von uns gewählte Modell noch sehr günstig: Der Aufsichtsrat und der Vorstand vertreten die Mitglieder und bündeln eine Vielfalt von Erfahrungen und Kompetenzen.

_____**Christian Berg:** Eine wichtige Rolle kommt natürlich dem Geschäftsführer zu, der die Entscheidungen für uns so vorbereitet, dass wir sie in der begrenzten Zeit bewältigen können. Außerdem haben wir neben dem Geschäftsführer inzwischen noch einen Leiter der Abteilung Technik, der diesen gesamten Bereich vorbereitet und uns vorträgt. Mit dieser Aufgabenteilung funktioniert unsere Verwaltung sehr gut.

***N & K: Welche Rolle wird die zunehmende Digitalisierung spielen?***

_____**Axel Wirner:** Anfang 2020 haben wir in allen Wohnanlagen komplett umgestellt auf digitale Wärmezähler, die über Funk ausgelesen werden. Wir haben hier in Vorgriff auf die gesetzliche Regelung gehandelt, bis 2028 müsste man das machen. In einem zweiten Schritt werden dann die digitalen Stromzähler kommen mit Fernauslesung.

_____**Christian Berg:** Auch die Wohnungsübergaben werden inzwischen mit dem Tablet gemacht, sodass man beispielsweise direkt Fotos von der Wohnung in der entsprechenden Wohnungsakte digital ablegen kann.

Als während der Corona-Krise unser Büro ganz plötzlich auf Homeoffice umgestellt werden musste, hat das auch sehr schnell und gut geklappt.

***N & K: Wird es auch nach Corona mehr Homeoffice in der Geschäftsstelle geben?***

_____**Christian Berg:** Das diskutieren

wir bereits, hier hat auf alle Fälle ein Umdenken eingesetzt. Wir können uns Homeoffice gut vorstellen, wenn es sinnvoll ist, zum Beispiel weil zu Hause ein ungestörteres Arbeiten möglich ist. Auf der anderen Seite haben wir festgestellt, dass manchmal der persönliche Kontakt einfach durch nichts anderes zu ersetzen ist. Das Miteinander im Büro, der Austausch und die Zusammenarbeit, all das ist nur bei Anwesenheit möglich. Aber ja, wir besprechen dieses Thema und wir werden sicher eine gute Lösung finden, die für alle tragfähig ist.

Der Arbeitsplatz zu Hause wird aktuell auch von unseren Mitgliedern immer wieder angefragt. Bisher betraf das Thema nur wenige, beispielsweise Lehrerinnen und Lehrer. Durch die Coronakrise wurde diese Diskussion in einer neuen Dimension angestoßen. Es ist denkbar, dass es zu einer neuen Art des Wohnens dazugehört, dass man zu Hause auch einen Raum oder zumindest eine Ecke zum Arbeiten hat. Auch darüber diskutieren wir in Aufsichtsrat und Vorstand.

_____**Axel Wirner:** Ein interessanter Aspekt bei dieser Diskussion: Einige Besonderheiten unserer historischen Wohnungsgrundrisse, die bisher eher als Nachteile angesehen wurden, könnten in Zukunft wieder von Vorteil sein. Unsere Wohnungen haben beispielsweise regelmäßig große „Wohnflure", also relativ große Dielenbereiche und breite Flure. In diesen Bereich könnte man heute auch einen Schreibtisch reinstellen und dort am Computer sitzen. Außerdem gibt es in sehr vielen unserer Wohnungen sogenannte halbe Zimmer, Zimmer mit sechs bis acht Quadratmetern. Diese Kammern haben wir in der Vergangenheit manchmal aufgelöst und sie einem anderen Zimmer zugeschlagen oder als Haus-

wirtschaftsräume geplant. In Zukunft könnte ich mir diese Räume gut als Arbeitszimmer vorstellen.

**N & K: Wie wird Wohnen in der Zukunft bei Ihnen aussehen?**
_____**Axel Wirner:** Auf jeden Fall bezahlbar und familiengerecht. Ich denke, das steht bei uns ganz oben an, egal welche Herausforderungen kommen werden. So steht es auch seit der Gründung in der Satzung.

Außerdem sollen unsere Wohnungen den Stand der Technik widerspiegeln. Wenn man sich die Gebäude anschaut, die in den 1920er- und 1930er-Jahren entstanden sind, die gingen über den Stand der Technik bereits hinaus. Einige Häuser hatten schon eine Zentralheizung, es gab separate Toiletten und viele weitere Details, die zeigen, mit welchem Anspruch man damals gebaut hat. Und diese Denkweise wollen wir natürlich auch in Zukunft fortsetzen. Aber immer nur in diesem Rahmen: bezahlbar und familiengerecht.

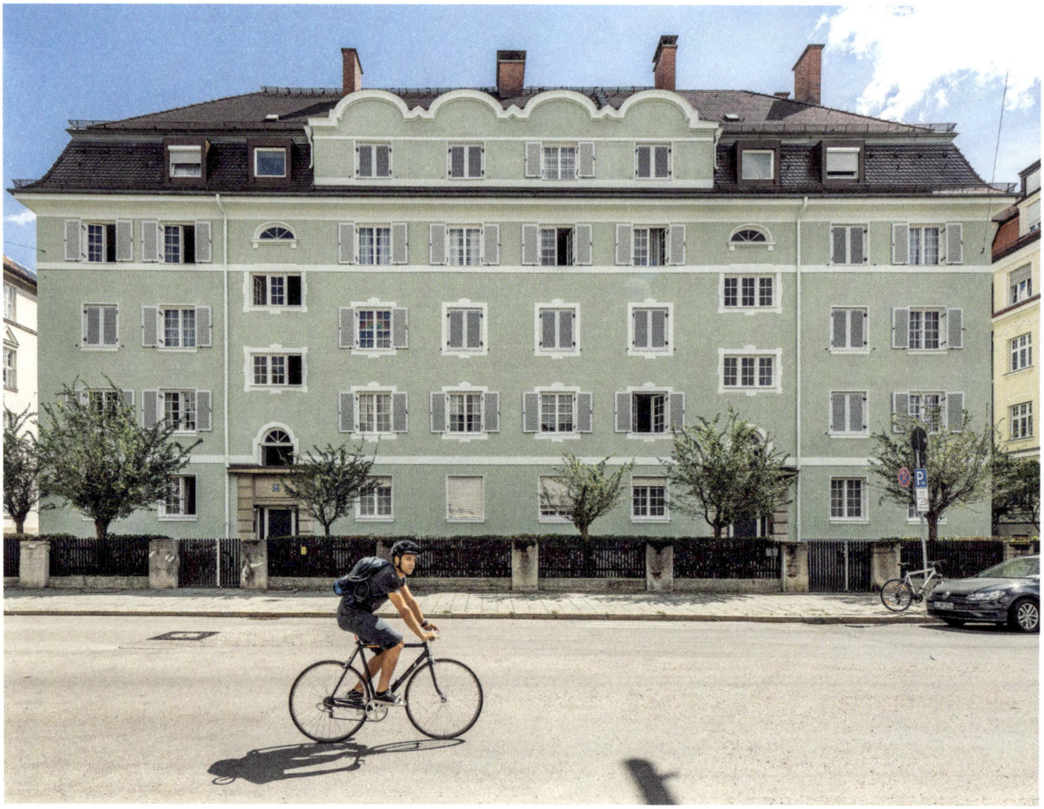

Radeln vor der Lothstraße 30/32.

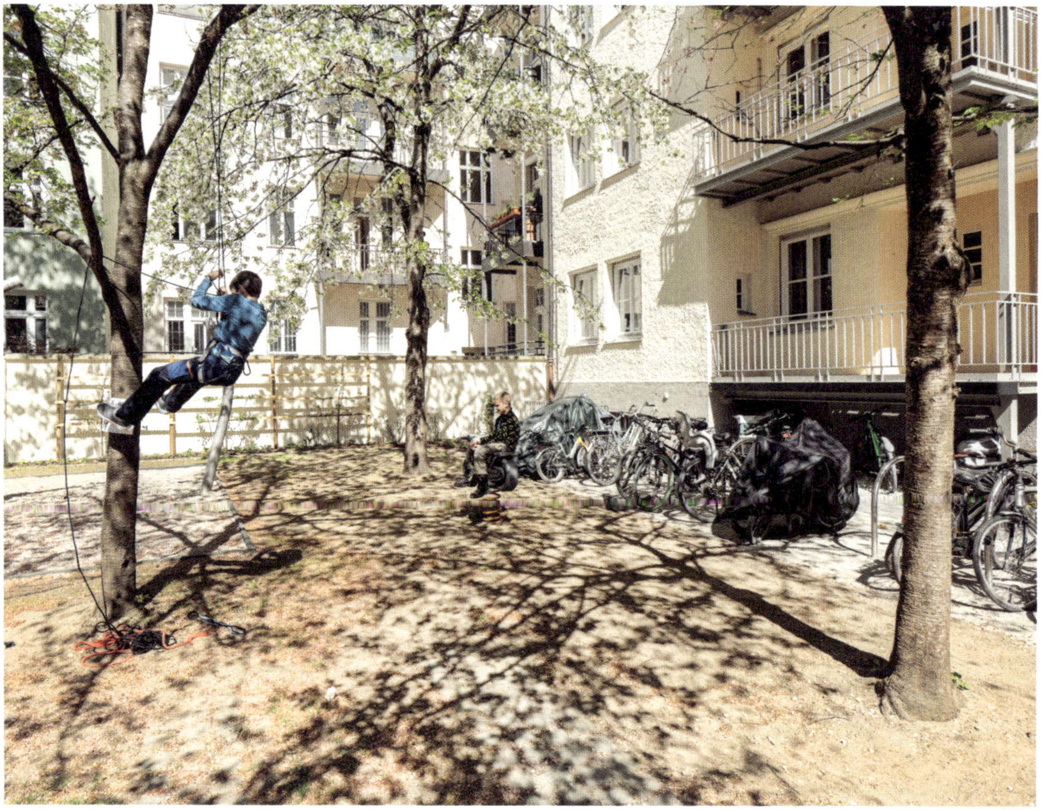

Klettern im Innenhof der Kaulbachstraße 95.

Gartenidylle in der Waldstraße.

Balkonszene im Schwabinger Innenhof.

## Vorstände

| | Beginn | Ende |
|---|---|---|
| Otto Edelmann | 1921 | 1956 |
| Luitpold Saur | 1921 | 1924 |
| Jakob Egger | 1921 | 1933 |
| Gottfried Frey | 1924 | 1925 |
| Woldemar Anding | 1925 | 1945 |
| Franz Wagner | 1933 | 1945 |
| Hanns Goetz | 1945 | 1967 |
| Anton Weiß | 1945 | 1971 |
| Jakob Egger | 1956 | 1962 |
| Max Schabacker | 1962 | 1967 |
| Franz Weber | 1967 | 1983 |
| Hans Irlbacher | 1967 | 1972 |
| Georg Bloss | 1971 | 1991 |
| Christian Rödl | 1972 | 1995 |
| Max Saxinger | 1984 | 2011 |
| Rudolf Reitsam | 1991 | 1997 |
| Bernhard Welker | 1995 | 2007 |
| Horst Scherer | 1997 | 2012 |
| Klaus Hofmeister | seit 2008 | |
| Axel Wirner | seit 2011 | |
| Christian Berg | seit 2012 | |

## Aufsichtsratsvorsitzende

| | Beginn | Ende |
|---|---|---|
| Karl Stützel | 1921 | 1924 |
| Anton Scherbauer | 1924 | 1925 |
| Georg Schmitt | 1925 | 1945 |
| Hans Lechner | 1945[*] | 1945 |
| Aloysius Padberg | 1946 | 1953 |
| Michael Helmerich | 1953 | 1954 |
| Albert Decker | 1954 | 1958 |
| Hans Lechner | 1958 | 1973 |
| Walter Unterholzner | 1973 | 1974 |
| Herbert Maier | 1974 | 2002 |
| Klaus Häußler | 2002 | 2007 |
| Herbert Maier | 2007 | 2008 |
| Josef Bauer | seit 2008 | |

[*] (komm. U. stellv.)

## Geschäftsführer

|  | Beginn | Ende |
|---|---|---|
| Anton Burger | 1921 | 1922 |
| Ernst Ehrle | 1922 | 1924 |
| Georg Miller | 1924 | 1933 |
| Josef Sippel | 1933 | 1945 |
| Hanns Goetz | 1945 | 1955 |
| Josef Sippel | 1955 | 1958 |
| Fritz Löther | 1958 | 1968 |
| Hans Irlbacher (geschäftsführender Vorstand) | 1968 | 1970 |
| Helmut Malter | 1970 | 1977 |
| Alfred Jetzinger | 1977 | 1989 |
| Harald Stebner | 1989 | 2019 |
| Matthias Nippa | seit 2019 | |

# Endnoten

Anmerkungen der Verfasser:

1. Alle Quellen, die nicht per Nennung einem bestimmten Archiv zugeordnet wurden, stammen aus dem Archiv des bwv.

2. Abkürzungen: A = Aufsichtsrat, BWV/bwv = Beamtenwohnungsverein e.G., GV = Generalversammlung, MV = Mitgliederversammlung, V = Vorstand, VdW = Verband bayerischer Wohnungsunternehmen e.V., ZZG = Zeitzeugengespräch

1  Bayerischer Landesverein zur Förderung des Wohnungswesens, in: Zeitschrift für Wohnungswesen in Bayern, VII. Jahrgang (1909), S. 1–13, S. 2, zit. nach: Buck, Meike/Kamp, Michael/Georgi, Matthias: VdW Bayern. Die Geschichte des sozialen Wohnens. 100 Jahre Verband bayerischer Wohnungsunternehmen, München 2009, S. 26.

2  Rädlinger, Christine: Wohnen in der Genossenschaft. 100 Jahre Verein für Volkswohnungen e.G. in München 1909–2009, München 2009, S. 9.

3  Seit spätestens Mitte des 19. Jahrhunderts gab es in Deutschland Beamtinnen. Diese waren deutlich in der Minderheit, verloren ihren Beamtenstatus, wenn sie heirateten, und hatten meist – abgesehen von Lehrerinnen – eher einfache Tätigkeiten. Erst 1951 wurden mit der Abschaffung der Personalabbauverordnung von 1923 Beamtinnen ihren männlichen Kollegen weitgehend gleichgestellt. In diesem Buch verwenden wir deshalb für die Zeit bis 1951 das Wort Beamter als generisches Maskulin.

4  Walter, Uli: Sozialer Wohnungsbau in München. Die Geschichte der GWG (1918–1993), München 1993, S. 49.

5  Georgi, Matthias/Pilzweger, Stefanie: 100 Jahre Baugenossenschaft Arlinger, München 2014, S. 14.

6  Buck/Kamp/Georgi, VdW, S. 16.

7  Ebd., S. 18.

8  Singer, Karl: Notwendigkeit, Ziele und Wege der Wohnungsbewegung. Errichtung moderner Herbergen, in: Zeitschrift für Wohnungswesen in Bayern, I. Jahrgang (1904), S. 97–103, S. 99.

9  Rädlinger, Wohnen, S. 11.

10  Buck/Kamp/Georgi, VdW, S. 20.

11  Walter, Wohnungsbau, S. 50.

12  Stracke, Ferdinand: WohnOrt München. Stadtentwicklung im 20. Jahrhundert, München 2011, S. 43.

13  Walter, Wohnungsbau, S. 52.

14  Buck/Kamp/Georgi, VdW, S. 24.

15  Ebd., S. 34.

16  Landeshauptstadt München – Sozialreferat – Amt für Wohnen und Migration (Hrsg.): 100 Jahre Wohnungsamt. 1911 bis 2011, Ergolding 2011, S. 13.

17  Walter, Wohnungsbau, S. 54.

18  Buck/Kamp/Georgi, VdW, S. 40.

19  Nach: Ausstellung „Wohnungen, Wohnungen, Wohnungen!", Pinakothek der Moderne, 15.3.–21.5.2018 [Notizen des Verfassers].

20  Geschäftsbericht 1921/22; BWV (Hrsg.): 40 Jahre Beamtenwohnungsverein München e.G.m.b.H., München 1961, S. 3.

21  Fürst, Thomas: Karl Stützel. Ein Lebensweg in Umbrüchen. Vom königlichen Beamten zum bayerischen Innenminister der Weimarer Zeit (1924–1933), Frankfurt am Main u.a. 2007 (= Mainzer Studien zur neueren Geschichte, Band 19), S. 473.

22  Ebd., S. 477.

23  Ebd., S. 28.

24  Ebd., S. 70.

25  Ebd., S. 474.

26 Zitiert nach: Jelic, Stefan: Karl Stützel und der Nationalsozialismus. Zur Auseinandersetzung des bayerischen Innenministers mit der NSDAP in den Jahren 1930 bis 1933, in: Zeitschrift für bayerische Landesgeschichte 63, 3 (2000), S. 787 – 866, S. 789.

27 Fürst, Stützel, S. 58 f.

28 Ebd., S. 65.

29 Ebd., S. 66.

30 Ebd., S. 69 f.

31 Ebd., S. 76.

32 BWV (Hrsg.): 10 Jahre Beamtenwohnungsverein München e.G.m.b.H., Düsseldorf 1931, S. 4.

33 Protokoll Sitzung A., 15.9.1924.

34 Zitiert nach: Jelic, Stützel, S. 793.

35 [N.N.]: Die Wohnungsfrage im Bayer. Landtag, in: Zeitschrift für Wohnungswesen in Bayern, XIX. Jahrgang (1921), S. 9 – 28, S. 11.

36 Ebd., S. 11 f.

37 Ebd., S. 13.

38 Es handelt sich um die Mark, die zwischen 1871 und 1923 die Währung des Deutschen Reiches war. Die Abkürzung war „M".

39 [N.N.]: Beamten – Wohnungsverein München, in: Zeitschrift für Wohnungswesen in Bayern, XIX. Jahrgang (1921), S. 44 – 45, S. 44 f.

40 [N.N.]: Die Wohnungsnot in München, in: Zeitschrift für Wohnungswesen in Bayern, XIX. Jahrgang (1921), S. 171 – 173, S. 172.

41 [N.N.], Beamten – Wohnungsverein München, S. 44 f.

42 Ebd.

43 BWV, 10 Jahre, S. 3.

44 Ebd., S. 4. Das mittlere Jahresgrundgehalt der untersten Besoldungsstufe I lag Anfang 1921 (je nach Ortsklasse) für einen ledigen Reichsbeamten zwischen 9.300 und 11.250 M. Siehe: Statistisches Reichsamt (Hrsg.): Statistisches Jahrbuch für das Deutsche Reich, Zweiundvierzigster Jahrgang 1921/22, Berlin 1922, S. 310. 500 M entsprachen damit zwischen circa 4,4 und 5,4 Prozent des Jahresgehalts eines ledigen einfachen Reichsbeamten. Die Zahlen verstehen sich im Zusammenhang mit der zeitgleich wachsenden Inflationsrate. Bereits Anfang 1922 lag das Jahresgehalt für den gleichen ob beschriebenen Beamten zwischen 15.140 und 17.540 M.

45 [N.N.], Beamten – Wohnungsverein München, 44 f.

46 Ebd.

47 Ebd.

48 Protokoll Sitzung A., 14.3.1921; Protokoll Sitzung A., 2.7.1921; BWV, 10 Jahre, S. 5.

49 BWV, 40 Jahre, S. 3.

50 Protokoll Sitzung A., 14.3.1921.

51 Ebd.

52 Ebd.

53 Ebd.

54 Protokoll Sitzung A., 2.7.1921.

55 Ebd.

56 Ebd.; Geschäftsbericht 1921/22. Sieben Prozent der Mitglieder gaben keine Präferenz ab.

57 Protokoll Sitzung A., 2.7.1921.

58 BWV, 10 Jahre, S. 9.

59 Geschäftsbericht 1921/22.

60 BWV, 10 Jahre, S. 9; Geschäftsbericht 1921/22.

61 Protokoll Sitzung A., 19.9.1921.

62 Protokoll Sitzung A., 2.7.1921.

63 Ebd.

64 BWV, 10 Jahre, S. 15.

65 [N.N.]: Baugenossenschaften u. Bauvereine, in: Zeitschrift für Wohnungswesen in Bayern, XX. Jahrgang (1922), S. 226 – 230, S. 226.

66 Protokoll Sitzung A., 9.1.1922.

67 Geschäftsbericht 1921/22.

68 Ebd.

69 Protokoll Sitzung A., 2.7.1921.

70 Protokoll Sitzung A. und V., 14.3.1921.

71 Protokoll Sitzung A. und V., 19.9.1921.

72 Protokoll [8.] Sitzung A., [o.A., vmtl.

April 1922].

73 Protokoll Sitzung A. und V., 10.1.1923.

74 Geschäftsbericht 1969.

75 Lagebericht 1987.

76 Lagebericht 1989.

77 Protokoll Sitzung A. und V., 21.9.1922.

78 Knortz, Heike: Wirtschaftsgeschichte der Weimarer Republik. Eine Einführung in Ökonomie und Gesellschaft der ersten Deutschen Republik, Göttingen 2010, S. 45.

79 Wehler, Hans-Ulrich: Deutsche Gesellschaftsgeschichte. 1914 – 1949, München 2008$^3$, S. 247.

80 Haffner, Sebastian: Geschichte eines Deutschen. Die Erinnerungen 1914 – 1933, München 2014, S. 60 – 64.

81 Wehler, Gesellschaftsgeschichte, S. 249.

82 Geschäftsbericht 1921/22.

83 Ebd.

84 Aus den Quellen geht nicht klar hervor, welcher Quadratfuß als Einheit gewählt wurde – bayerisch, preußisch o.a. Für die Umrechnung wurde daher der bayerische Quadratfuß von circa 0,085 Quadratmeter als Ursprungseinheit gewählt. Die Angaben in Quadratmeter verstehen sich daher als Näherungswert.

85 Protokoll Sitzung A. und V., 21.9.1922.

86 BWV, 10 Jahre, S. 9.

87 Protokoll Sitzung A., 22.1.1922.

88 Ebd.

89 Baumann, Daniel: FC Bayern München, in: Historisches Lexikon Bayerns, online unter: https://www.historisches-lexikon-bayerns.de/Lexikon/FC_Bayern_München (07.08.2018).

90 Heinle, Oliver: Das Stadion des FC Bayern München. Spielstädten [!] gestern und heute, online unter: https://www.südkurve.com/ub_shtml/stadion.shtml (07.08.2018).

91 Protokoll Sitzung A. und V., 10.1.1923.

92 Die Rentenmark galt offiziell zwischen 1923 und 1948, wurde aber bereits im August 1924 durch die Reichsmark ergänzt. Ihre Abkürzung lautete Rent.M.

93 Haffner: Geschichte eines Deutschen, S. 66 f.

94 Geschäftsbericht 1924.

95 Ebd.

96 Ebd.

97 Ebd.

98 Ebd.

99 BWV, 10 Jahre, S. 9 f.

100 Protokoll Sitzung A. und V., 23.4.1924. Die Reichsmark war von 1924 bis 1948 die Währung des Deutschen Reiches, abgekürzt „RM".

101 Protokoll Sitzung A., 15.9.1924.

102 Protokoll Sitzung A. und V., 12.9.1927; Protokoll Sitzung A. und V., 23.5.1928.

103 Geschäftsbericht 1928.

104 BWV, 10 Jahre, S. 13.

105 Protokoll Sitzung A. und V., 29.12.1926.

106 Protokoll Sitzung 11.7.1928.

107 Protokoll Sitzung 28.11.1928.

108 Protokoll Sitzung 28.3.1925.

109 Geschäftsbericht 1928.

110 Gesetz- und Verordnungsblatt für den Freistaat Bayern, Nr. 11 (1928), S 221 f., S. 229.

111 BWV, 10 Jahre, S. 14.

112 Ebd., S. 7.

113 Geschäftsbericht 1928.

114 Geschäftsbericht 1927.

115 Geschäftsbericht 1928.

116 Ebd.

117 Wehler, Gesellschaftsgeschichte, S. 260.

118 Ebd.

119 BWV, 10 Jahre, S. 10.

120 Geschäftsbericht 1929.

121 Geschäftsbericht 1931.

122 Ebd., S. 11.

123 Ebd., S. 7.

124 Protokoll Sitzung A. und V., 6.10.1932.

125 Protokoll Sitzung A. und V., 30.1.1926; Protokoll Sitzung A. und V., 28.1.1931.

126 Protokoll Sitzung A. und V., 28.1.1931.

127 BWV, 10 Jahre, S. 10.

128 Ebd., S. 13.

129 Ebd., S. 14.

130 Protokoll Sitzung A. und V., 21.2.1931.

131 Protokoll Sitzung A. und V., 30.6.1932.

132 Protokoll Sitzung A. und V., 23.4.1924.

133 Protokoll Sitzung A. und V., 15.5.1932.

134 Protokoll Sitzung A. und V., 21.12.1937.

135 BWV, 10 Jahre, S. 6.

136 Protokoll Sitzung A. und V., 23.4.1924.

137 Protokoll Sitzung Bauausschuss, 10.6.1938.

138 Protokoll Sitzung A. und V., 24.5.1922.

139 Protokoll Sitzung A., 15.9.1924.

140 Protokoll Sitzung A. und V., 28.3.1925.

141 Protokoll Sitzung A. und V., 19.11.1931.

142 Protokoll Sitzung A. und V., 28.2.1932.

143 Millack, Christian/Summer, Rudolf: Besoldungsrecht im Spiegel ge-sellschaftlicher Einflüsse, in: Ver-antwortung und Leistung, Heft 2 (1981), S. 10 – 23 (= Schriftenreihe der Arbeitsgemeinschaft der Verbände des höheren Dienstes), S. 12.

144 Fenske, Hans: Bürokratie in Deutsch-land. Vom späten Kaiserreich bis zur Gegenwart, Berlin 1985, S. 34.

145 Ebd., S. 31.

146 Lecheler, Helmut: Das Laufbahn-prinzip. Seine Entwicklung, seine rechtliche Grundlage und Bedeu-tung für das Berufsbeamtentum, in: Verantwortung und Leistung, Heft 3 (1981), S. 3 – 24 (= Schriftenreihe der Arbeitsgemeinschaft der Verbände des höheren Dienstes), S. 5.

147 Protokoll Sitzung A., 31.1.1925.

148 Ebd.

149 Ebd.

150 Ebd.

151 Protokoll Sitzung A., 3.2.1925.

152 Ebd.

153 Protokoll Sitzung A. und V., 20.4.1928.

154 Protokoll Sitzung A. und V., 13.5.1930.

155 Protokoll Sitzung A. und V., 25.1.1928.

156 Protokoll Sitzung A. und V., 22.7.1937.

157 Protokoll Sitzung Bauausschuss, 10.6.1938.

158 Protokoll Sitzung A. und V., 21.12.1937.

159 Protokoll Sitzung A. und V., 31.3.1938.

160 ZZG Franz Wirth, 27.11.2018.

161 Haffner, Geschichte, S. 191 f.

162 Fenske, Bürokratie, S. 36 f.

163 Ebd., S. 41.

164 StAM, SpkA K25, Spruchkammerakte Anding, Woldemar, *30.10.1873.

165 Reichsgesetzblatt Teil I, Nr. 34 (1933), S. 175.

166 Ebd.

167 Reichsgesetzblatt Teil I, Nr. 37 (1933), S. 195.

168 Reichsgesetzblatt Teil I, Nr. 34 (1933), S. 175.

169 Hilberg, Raul: Die Vernichtung der europäischen Juden, Band I, Frankfurt a.M. 1999, S. 90.

170 Haffner, Geschichte, S. 232 – 234.

171 Fenske: Bürokratie, S. 43.

172 Ebd.

173 Ebd., S. 45.

174 Geschäftsbericht 1933.

175 Geschäftsbericht 1932.

176 Ebd.

177 Ebd.

178 Protokoll Sitzung A. und V., 8.6.1933.

179 StAM, SpkA K 1887, Spruchkammer-akte Wagner, Franz, *16.12.1895. 1943 wurde Wagner wegen „Interes-senlosigkeit" aus der NSDAP ausge-schlossen. Nach 1945 wurde er im Rah-men der Entnazifizierung zunächst als „Hauptschuldiger" eingestuft, am Ende aber als „Mitläufer" gesehen. Nach einem weiteren Revisionsver-fahren gelang es ihm, die urteilende Kammer dahingehend zu überzeugen, ihn zum „Entlasteten" zu erklären. Das Spruchkammerverfahren gegen Wagner ist äußert umfangreich und komplex, daher kann an dieser Stelle nicht ausführlicher auf den Ablauf eingegangen werden.

180 Geschäftsbericht 1933.

181 Protokoll Sitzung A. und V., 3.5.1933; Protokoll Sitzung A. und V., 8.6.1933.

182 Protokoll Sitzung A. und V., 8.3.1933.

183 StAM, Spk K 1537, Spruchkammerakte Sippel, Josef, *4.2.1895. Neben seiner Parteimitgliedschaft war Sippel noch Mitglied der DAF (1935 – 1945), des NSV (1935 – 1945), wo er das Amt eines Zellenwalters innehatte, des NSRwB (1934 – 1945), des NS-Altherrenbunds (1938 – 1945) (als Kassier), des VDA (1937 – 1945) und des RLB (1938 – 1945). Trotz der Tatsache, dass er 1933 nicht in der Rolle des Parteimitglieds Geschäftsführer geworden war, engagierte er sich während des NS-Regimes in verschiedenen NS-nahen Verbänden. Das spätere Spruchkammerverfahren gegen ihn beurteilte ihn als „Mitläufer".

184 Buck/Kamp/Georgi, VdW, S. 82.

185 Pollmeier, Heiko: Artikel „Arisierung", in: Benz, Wolfgang/Graml, Hermann/Weiß, Hermann (Hrsg.): Enzyklopädie des Nationalsozialismus, München 2007, S. 415 f.

186 Haerendel, Ulrike: Der Schutzlosigkeit preisgegeben: Die Zwangsveräußerung jüdischen Immobilienbesitzes und die Vertreibung der Juden aus ihren Wohnungen, in: Baumann, Angelika/Heusler, Andreas (Hrsg.): München arisiert. Entrechtung und Enteignung der Juden in der NS-Zeit, München 2004, S. 105 – 126, S. 117 f.

187 Ebd., S. 109.

188 Geschäftsbericht 1937.

189 Protokoll Sitzung A. und V., 17.2.1939.

190 Protokoll Sitzung A. und V., 24.4.1939.

191 Wehler, Gesellschaftsgeschichte, S. 643 f.

192 Ebd.

193 BayHStA, StK 6761, Schreiben des Reichsarbeitsministers an die Landesregierungen, 2.6.1933.

194 Buck/Kamp/Georgi, VdW, S. 86.

195 Ebd., S. 87.

196 Protokoll Sitzung A. und V., 16.10.1933.

197 Geschäftsbericht 1933.

198 Geschäftsbericht 1937.

199 Geschäftsbericht 1935.

200 Geschäftsbericht 1938.

201 Protokoll Sitzung A. und V., 21.7.1938.

202 Ebd.

203 Geschäftsbericht 1938.

204 Fischer, Katharina/Georgi, Matthias: 100 Jahre Bauverein Giesing, München 2010, S 60 f.

205 Dreßen, Willi: Artikel „Luftschutz", in: Benz, Wolfgang/Graml, Hermann/Weiß, Hermann (Hrsg.): Enzyklopädie des Nationalsozialismus, München 2007, S. 630 f.

206 StAM, SpkA K 241, Spruchkammerakte Chmiel, Ewald, *26.6.1878; SpkA K 337, Spruchkammerakte Egger, Jakob, *4.5.1888; SpkA K 786, Spruchkammerakte Hufnagel, August, *5.4.1881; SpkA K 1365, Spruchkammerakte Raab, Adolf, *17.05.1891; SpkA K 1887, Spruchkammerakte Wagner, Franz, *16.12.1895.

207 Protokoll Sitzung A. und V., 20.5.1935.

208 Protokoll Sitzung Bauausschuss, 10.6.1938.

209 Geschäftsbericht 1937.

210 Geschäftsbericht 1941.

211 Geschäftsbericht 1938.

212 Georgi, Matthias/Wiegand, Sonja: 75 Jahre GBW, München 2011, S. 24.

213 Protokoll Sitzung A. und V., 24.1.1940.

214 Protokoll Sitzung A. und V., 26.11.1940.

215 Roth, Katharina/Georgi, Matthias: 100 Jahre Bauverein München-Haidhausen. Ein Jahrhundert gut und sicher wohnen in München, München 2019, S. 46 f.

216 Protokoll Sitzung A. und V., 16.1.1941.

217 Protokoll Sitzung A. und V., 17.2.1943; Protokoll Sitzung A. und V., 1.6.1943.

218 Protokoll Sitzung A. und V., [zwischen 31.10. und 31.12.1941, Protokollbuch S. 261].

219 BWV (Hrsg.): wir im bwv. 1921 – 2011, Bozen 2011, S. 43; Schreiben an Amtsgericht München bezüglich Grund-

buchänderung, 28.9.1942.

220 Recker, Marie-Luise: Der Reichskommissar für den sozialen Wohnungsbau. Zu Aufbau, Stellung und
Arbeitsweise einer führerunmittel-
baren Reichsbehörde, in: Rebentisch,
Dieter/Teppe, Karl (Hrsg.): Verwaltung
contra Menschenführung im Staat
Hitlers. Studien zum politisch-admi-
nistrativen System, Göttingen 1986,
S. 333 – 350, S. 334 f.

221 Protokoll Sitzung A. und V., 10.9.1940.

222 Ebd.

223 Geschäftsbericht 1940.

224 Protokoll Sitzung A. und V., 26.11.1940.

225 Ebd.

226 Protokoll Sitzung A. und V., 24.1.1940.

227 Geschäftsbericht 1941.

228 Ebd.

229 Protokoll Sitzung A. und V., 24.9.1942.

230 Protokoll Sitzung A. und V., 17.2.1943.

231 Geschäftsbericht 1941.

232 ZZG Franz Wirth, 27.11.2018. Bei der
Neugestaltung des Hofes im Jahr
2020 wurden immer noch Splitter der
Bombe entdeckt.

233 Hoffmann, Lutz: Aufstieg aus den
Trümmern 1945 – 1960, in: Groß, Ger-
hard (Hrsg.): stadt bau plan. 850 Jahre
Stadtentwicklung München, München 2008, S. 108 – 119, S. 110.

234 Protokoll Sitzung A. und V., 1.6.1946.

235 Ebd.

236 Ebd.

237 Geschäftsbericht 1942 – 1945.

238 Ebd.

239 Hoser, Paul: Artikel „Entnazifizierung",
in: Historisches Lexikon Bayerns,
online unter: https://www.histori-
sches-lexikon-bayerns.de/Lexikon/
Entnazifizierung (14.08.2018); Ausführlich: Niethammer, Lutz: Die Mitläufer-
fabrik. Die Entnazifizierung am
Beispiel Bayerns, Berlin 1982.

240 Protokoll 22. GV, 14.6.1946.

241 Ebd.

242 StAM, SpkA K 1887, Spruchkammer-

akte Wagner, Franz, *16.12.1895.

243 Protokoll 22. GV, 14.6.1946.

244 Wehler, Gesellschaftsgeschichte,
S. 971.

245 Protokoll 24. GV, 25.5.1951.

246 Ebd.

247 Protokoll 24. GV, 25.5.1951; Geschäftsbericht 1950.

248 Geschäftsbericht 2017.

249 Geschäftsbericht 1950.

250 BWV, 40 Jahre, S. 8 f.

251 Geschäftsbericht 1950.

252 Ebd.

253 Ebd.

254 Protokoll 24. GV, 25.5.1951.

255 Bührer, Werner: Wirtschaft in beiden deutschen Staaten (Teil 1), in:
bpb: Bundeszentrale für politische
Bildung, online unter: http://www.
bpb.de/izpb/10131/wirtschaft-in-bei-
den-deutschen-staaten-teil-1?p=all
(27.02.2019).

256 Geschäftsbericht 1953 und 1954.

257 Geschäftsbericht 1950.

258 Protokoll 25. GV, 2.3.1953.

259 Protokoll 24. GV, 2.5.1951.

260 Geschäftsbericht 1956 und 1957.

261 Geschäftsbericht 1964.

262 Geschäftsbericht 1951.

263 Geschäftsbericht 1953 und 1954.

264 Geschäftsbericht 1964.

265 BWV, wir, S. 35.

266 Ebd.

267 Ebd., S. 34.

268 Ebnet, Werner: Sie haben in München
gelebt. Biografien aus acht Jahrhun-
derten, München 2016, S. 636.

269 BWV (Hrsg.): Mitteilung des Beamtenwohnungsverein München e.G.m.b.H.
50 Jahre BWV, S. 6.

270 Ebd., S. 5.

271 Ebd.

272 Geschäftsbericht 1960.

273 Geschäftsbericht 1961.

274 Geschäftsbericht 1962.

275 Geschäftsbericht 1963.

276 Geschäftsbericht 1964.

277 Ebd.

278 Geschäftsbericht 1960.

279 Geschäftsbericht 1968.

280 BWV, Mitteilung, S. 5.

281 Geschäftsbericht 1968.

282 BWV, Mitteilung, S. 5.

283 Protokoll Sitzung A. und V., 22.7.1937.

284 Nach Daten des Kraftfahrbundesamts, Fahrzeugklassen und Aufbauarten – Zeitreihe 1955 bis 2013, online unter: https://web.archive.org/web/20130516043606/http://www.kba.de/cln_033/nn_191172/DE/Statistik/Fahrzeuge/Bestand/Fahrzeugklassen-Aufbauarten/b__fzkl__zeitreihe.html (17.02.2021).

285 Geschäftsbericht 1953 und 1954.

286 Geschäftsbericht 1956 und 1957.

287 Geschäftsbericht 1959.

288 Geschäftsbericht 1964.

289 Geschäftsbericht 1963.

290 Geschäftsbericht 1971.

291 Geschäftsbericht 1948/II und 1949.

292 Geschäftsbericht 1958.

293 Geschäftsbericht 1960.

294 Geschäftsbericht 1963.

295 Geschäftsbericht 1971.

296 Ebd.

297 Geschäftsbericht 1969.

298 Hausordnung, Stand 1964, S. 3 f.

299 Ebd., S. 6.

300 Ebd., S. 3.

301 Hausordnung, Stand 1978, S. 8.

302 Geschäftsbericht 1960.

303 [N.N.]: Lloyd 600 / Alexander, 1955 – 1961, in: AutoBild Klassiker, online unter: https://www.autobild.de/klassik/marken/lloyd/600-alexander/1/ (05.03.2019).

304 Geschäftsbericht 1950.

305 BWV, wir, S. 34.

306 Geschäftsbericht 1971.

307 BWV, Mitteilung, S. 8.

308 Ebd., S. 9.

309 Ebd., S. 8.

310 Geschäftsbericht 1971.

311 BWV, Mitteilung, S. 9.

312 BWV, Mitteilung, S. 7.

313 Protokoll 31. GV, 13.1.1960.

314 Protokoll Sitzung A. und V., [o.A., nach 11.12.1948, vor 4.7.1949], S. 27.

315 Reinhardt-Fehrenbach, Gitta: Das Messerschmitt-Haus. Vom Flugzeugbau zur Systembauweise, in: Denkmalpflege in Baden-Württemberg, Nachrichtenblatt des Landesdenkmalamtes, Bd. 21/2 (1992), S. 65 – 67.

316 [N.N.]: Häuser aus dem Stabilbaukasten, in: Der Spiegel 7/1949, S. 20 f.

317 Hempe, Hans: Frisch vom Fließband, in: Die Zeit, 24. März 1949.

318 Protokoll Sitzung A. und V., [o.A., nach 11.12.1948, vor 4.7.1949], S. 27.

319 BWV, wir, S. 35.

320 Konzept zur Begründung des Abbruchs der Wohnhäuser Peter-Auzinger-Straße 3 und 5 und Weyarner Straße 1 und 2, 13.4.1981.

321 Protokoll 43. GV, 26.10.1972.

322 Protokoll Sitzung A. und V., 2.7.1975.

323 VdW (Hrsg.): Bericht über die Gesetzliche Prüfung, Beamtenwohnungsverein München e.G., München 1977, S. 15.

324 Ebd.

325 ZZG Herbert Maier, Horst Scherer, Max Saxinger, 22.11.2018.

326 bwv aktuell 32 (Juni 2014), S. 2.

327 bwv aktuell 26 (Juni 2011), S. 1.

328 BWV, wir, S. 55.

329 bwv aktuell 18 (Juni 2007), S. 1.

330 Protokoll Sitzung A. und V., 21.3.1978.

331 Anlage zum Protokoll Sitzung A. und V., 21.3.1978.

332 Protokoll 53. GV, 14.7.1982.

333 Protokoll Sitzung A. und V., 26.11.1980.

334 VdW (Hrsg.): Bericht über die Gesetzliche Prüfung, Beamtenwohnungsverein München e.G., München 1980, S. 20.

335 Protokoll Sitzung A. und V., 15.11.1984.

336 Protokoll Sitzung A. und V., 22.5.1985.

337 Görl, Wolfgang: Hagelunwetter 1984: „Das Dach hat ausgeschaut wie ein Nudelsieb", in: Süddeutsche Zeitung –

SZ.de, 10.7.2014, online unter: https:// www.sueddeutsche.de/muenchen/ha- gelunwetter-1984-dasdach-hat-ausge- schaut-wie-ein-nudelsieb-1.2038318-0 (08.08.2019).

338  Protokoll 55. GV, 18.7.1984.

339  Protokoll Sitzung A. und V., 15.11.1984.

340  Protokoll Sitzung A. und V., 26.11.1980.

341  Protokoll Sitzung A. und V., 21.12.1982.

342  Protokoll Sitzung A. und V., 26.11.1980.

343  Lagebericht 1990.

344  Protokoll Sitzung A. und V., 11.10.1989.

345  Protokoll Sitzung A. und V., 14.12.1989.

346  VdW (Hrsg.): Bericht über die Gesetz- liche Prüfung, Beamtenwohnungs- verein München e.G., München 1989/90, S. 16.

347  Ebd., S. 21.

348  Ebd., S. 22.

349  Reichsgesetzblatt Teil I, Nr. 38 (1940), S. 438 – 442.

350  Buck/Kamp/Georgi, VdW, S. 90 – 94.

351  Georgi/Wiegand, GBW, S. 105 – 107.

352  Mändle, Markus: Artikel „Wohnungs- genossenschaft", in: Gabler Wirt- schaftslexikon, online unter: https:// wirtschaftslexikon.gabler.de/defini- tion/wohnungsgenossenschaft-48911 (08.08.2019).

353  ZZG Harald Stebner, 20.11.2018.

354  Ebd.

355  Protokoll Sitzung A. und V., 20.6.1989.

356  ZZG Harald Stebner, 20.11.2018.

357  Pressemitteilung des Vorstands des bwv, 1.10.1991.

358  Anlage zum Protokoll Sitzung A. und V., 23.3.1992.

359  Satzungsänderung, genehmigt in der 34. MV, 14.7.1993, eingetragen in das Genossenschaftsregister am 13.11.1993, siehe: Lagebericht 1993.

360  ZZG Harald Stebner, 20.11.2018.

361  Protokoll der 65. MV, 13.7.1994.

362  ZZG Harald Stebner, 20.11.2018.

363  Protokoll 60. GV, 26.7.1989.

364  Protokoll 61. GV, 11.7.1990.

365  Protokoll 62. MV, 26.6.1991.

366  Angaben zu Vorstand und Aufsichts- rat nach: bwv München e.G. – eine Wohnungsgenossenschaft für den öffentlichen Dienst, online unter: https://bwv-muenchen.de/vorstand- aufsichtsrat/ (15.02.2021).

367  Universität Bielefeld (Hrsg.): Geschich- te der Gleichstellung – Chronik, online unter: https://www.uni-bielefeld.de/ gendertexte/chronik.html (22.08.2019).

368  Artikel „Abfallwirtschaftsbetrieb München", in: Wikipedia. Die freie Enzyklopädie, online unter: https:// de.wikipedia.org/wiki/Abfallwirtschafts- betrieb_M%C3%BCnchen#Seit_1945 (22.08.2019).

369  Protokoll 63. MV, 30.6.1992.

370  bwv aktuell 3 (Dezember 1999), S. 1.

371  Protokoll 70. MV, 7.7.1999.

372  Protokoll 67. MV, 11.7.1996.

373  BWV (Hrsg.): 75 Jahre Beamten- wohnungsverein München e.G. 1921 – 1996, S. 3.

374  Protokoll 67. MV, 11.7.1996.

375  Bericht der Arbeitsgruppe „Zukunft" des bwv, München 1999, S. 2.

376  Anmerkung: Die heute übliche Gleich- setzung des Begriffs „Wehrmacht" mit den deutschen Streitkräften zwischen 1935 und 1945 ist eine eher kurz zurückliegende Entwicklung. Tatsächlich galt der Begriff Wehr- macht vor und noch längere Zeit nach 1945 zunächst als allgemeiner deutschsprachiger Ausdruck für die militärische Wehrkraft eines Staates. Entsprechend fand es im deutsch- sprachigen Raum Verwendung als Bezeichnung der militärischen Kräfte anderer Staaten. Das heutige Äquiva- lent wäre „Streitkräfte".

377  Bericht der Arbeitsgruppe „Zukunft" des bwv, München 1999, S. 31.

378  Schreiben an Amtsgericht München bezüglich Grundbuchänderung, 28.9.1942.

379  Geschäftsbericht 1950.

380 Brief der „Interessengemeinschaft Bebauungsplan 118" an die Gemeindeverwaltung Haar, 5.11.1987.

381 bwv aktuell 6 (Juni 2001), S. 4.

382 Rede zum Richtfest der Gartenhofsiedlung, [o.A.] 1991.

383 Lagebericht 1992; Lagebericht 1993.

384 bwv aktuell 20 (Juni 2008), S. 3.

385 Geschäftsbericht 2011; Geschäftsbericht 2012.

386 bwv aktuell 32 (Juni 2014), S. 3.

387 bwv aktuell, 34 (Juni 2015), S. 3.

388 Ebd.

389 bwv aktuell, 38 (Juni 2017), S. 4.

390 Ebd.

391 Zitiert nach: bwv aktuell 30 (Juni 2013), S. 1.

392 Ulrich, Andreas: Pfeifen im Dunkeln, in: Der Spiegel 45 (1999), online unter: https://www.spiegel.de/spiegel/print/d-15045581.html (19.11.2019).

393 Ebd.

394 bwv aktuell 3 (Dezember 1999), S. 2.

395 [N.N.]: Millennium-Bug: Die Nacht, in der wir alle noch einmal davonkamen, in: Spiegel Online, online unter: https://www.spiegel.de/geschichte/millenniumbug-a-948986.html (19.11.2019).

396 Meyer, Jan-Bernd: Jahr-2000-Problem: Und sie dreht sich noch, in: Computerwoche, 14.01.2000, online unter: https://www.computerwoche.de/a/jahr-2000-problem-und-sie-dreht-sich-noch,1072439 (19.11.2019).

397 bwv aktuell 7 (Dezember 2001), S. 1.

398 bwv aktuell 9 (Dezember 2002), S. 4.

399 Ebd.

400 Lagebericht 2001.

401 bwv aktuell 13 (Dezember 2004), S. 3.

402 Eine mögliche Lesart ist, dass das Gedicht Ausdruck einer Weltsicht ist, die den Krieg glorifiziert und dabei den Blick auf die Opfer des Krieges verweigert oder als nebensächlichen „Kollateralschaden" akzeptiert. Einen besonderen zeithistorischen Kontext gewann der Begriff „Kollateralschaden" dadurch, dass er 1999 zum Unwort des Jahres gekürt worden war. Im Zuge des Kosovokriegs 1998/99 gab es international heiß geführte Debatten um die zynische Verwendung des Begriffs durch die NATO, die damit die durch ihren Einsatz verursachten zivilen Opfer verharmloste – eine mögliche Erklärung dafür, warum die Schnecken auf einen NATO-Stern zukriechen.

403 bwv aktuell 32 (Juni 2014), S. 2.

404 bwv aktuell 21 (Dezember 2008), S. 1.

405 bwv aktuell 27 (Dezember 2011), S. 1.

406 ZZG Klaus Hofmeister, Axel Wirner, Christian Berg, Matthias Nippa, Matthias Heller, 4.3.2020.

407 Ausführungen Vorstand Axel Wirner, ZZG Klaus Hofmeister, Axel Wirner, Christian Berg, 25.5.2020.

408 Strategiegespräch Bauausschuss, 2018.

409 bwv aktuell 36 (Juni 2016), S. 3.

410 Strategiegespräch Bauausschuss, 2018.

411 ZZG Klaus Hofmeister, Axel Wirner, Christian Berg, 25.5.2020.

412 bwv aktuell 38 (Juni 2017), S. 1.

413 ZZG Klaus Hofmeister, Axel Wirner, Christian Berg, 25.5.2020.

414 bwv aktuell 34 (Juni 2015), S. 2.

415 bwv aktuell 14 (Juni 2005), S. 3.

416 Ebd.

417 bwv aktuell 29 (Dezember 2012), S. 3.

418 bwv aktuell 30 (Juni 2013), S. 4.

419 Patentnummer DE102017101993: Zusammensetzung, deren Verwendung und Verfahren zum Entfernen einer Lackbeschichtung von einem mit Lack beschichteten Gegenstand, online unter: http://www.freepatentsonline.com/DE102017101993A1.html (20.04.2020); bwv aktuell 35 (Dezember 2015), S. 1.

420 ZZG Klaus Hofmeister, Axel Wirner, Christian Berg, Matthias Nippa,

Matthias Heller, 4.3.2020.

421 ZZG Klaus Hofmeister, Axel Wirner,
Christian Berg, 25.5.2020.

422 ZZG Matthias Heller, 11.8.2020.

423 bwv aktuell 42 (Juni 2019), S. 4.

424 Ebd.

425 ZZG Klaus Hofmeister, Axel Wirner,
Christian Berg, 25.5.2020.

426 ZZG Klaus Hofmeister, Axel Wirner,
Christian Berg, Matthias Nippa,
Matthias Heller, 4.3.2020.

427 ZZG Klaus Hofmeister, Axel Wirner,
Christian Berg, 25.5.2020.

428 bwv aktuell 2 (Juni 1999), S. 2.

429 bwv aktuell 39 (Dezember 2017), S. 1.

430 bwv aktuell 25 (Dezember 2010), S. 3.

431 Ebd.

432 bwv aktuell 39 (Dezember 2017), S. 1.

433 ZZG Harald Stebner, 20.11.2018.

434 bwv aktuell 40 (Juni 2018), S. 2.

435 Hahn, Vanessa: Am Hauptbahnhof:
Neuer Platz erinnert an Hitler-Gegner,
in: tz.de, online unter: https://www.
tz.de/muenchen/stadt/maxvorstadt-
ort43329/am-hauptbahnhof-neuer-
platz-in-muenchen-erinnert-an-hitler-
gegner-9469496.html (25.11.2019).

436 [N.N.]: Der Ring '96 von Mauro
Staccioli in München, online unter:
https://unterwegsinsachenkunst.de/
mauro-stacciolioin-muenchen-ring-
naehe-hauptbahnhof/ (25.11.2019).

437 bwv aktuell 40 (Juni 2018), S. 3.

438 bwv aktuell 41 (Dezember 2018), S. 3.

439 Protokoll Sitzung A., 22.1.1922.

440 Protokoll Sitzung A. und V., 25.10.2014.

441 bwv aktuell 33 (Dezember 2014), S. 1.

442 Geschäftsbericht 2015.

443 bwv aktuell 39 (Dezember 2017), S. 1.

444 Protokoll Sitzung A. und V., 11.4.2016.

445 Protokoll Sitzung A. und V., 29.2.2016.

446 bwv aktuell 36 (Juni 2016), S. 3.

447 bwv aktuell 38 (Juni 2017), S. 2.

448 Protokoll Sitzung A. und V., 16.11.2017.

449 bwv aktuell 37 (Dezember 2016), S. 1.

450 Protokoll Sitzung A. und V., 18.1.2018.

451 bwv aktuell 42 (Juni 2019), S. 3.

## Bildnachweis

Archiv des bwv: S. 13, 19, 25, 26, 28, 31, 32, 35, 37 oben, 38, 40, 43 links oben u. unten, 45, 51, 56, 58, 60, 63, 64, 66, 68, 71, 72, 73, 74, 76, 80, 82, 85, 87 oben, 89 oben, 90, 91, 92, 94, 96, 98, 104, 106, 119, 129, 133 oben

Bildbestand bwv aktuell, Archiv des bwv: S. 97, 108, 128

Fotograf Peter Braun, Bildbestand bwv aktuell, Archiv des bwv: S. 132

Fotograf Florian Holzherr, Archiv des bwv: S. 131

Fotografin Julia Knop, Archiv des bwv: Coverbild, S. 27, 33, 37 unten, 39, 43 rechts oben u. unten, 47, 48, 59, 61, 65, 69, 75, 77, 79, 81, 87 unten, 89 unten, 95, 100, 103, 107, 110, 111, 113, 114, 115, 116, 120, 121, 122, 123, 126, 127, 130, 133 unten, 135, 136, 137, 139, 140, 141, 142, 144, 145

Stadtarchiv München: S. 15 (DE-1992-FS-NL-PETT1-2646), 54 (FS-DIA-KB-0039)

Bayerische Staatsbibliothek: S. 17 (hoff-5138), 18 (hoff-5193)

Scherl/Süddeutsche Zeitung Photo: S. 22

Archiv Neumann & Kamp: S. 16

## Danksagung

Zu der Entstehung dieses Buches haben viele Menschen beigetragen. Unser besonderer Dank gilt den Zeitzeugen, die uns in ausführlichen Gesprächen und Telefonaten viel über den Beamtenwohnungsverein erzählt haben: Josef Bauer, Christian Berg, Matthias Heller, Klaus Hofmeister, Herbert Maier, Matthias Nippa, Max Saxinger, Horst Scherer, Harald Stebner, Axel Wirner, Franz Wirth. Vielen Dank auch an Claudia Welker-Sebald von *bwv aktuell* für die Unterstützung und das Bildmaterial.